Dorothee Peglau (Hg.)

# Handbuch Besuchsdienst

Tipps, Workshops, Gottesdienste

Luther-Verlag

Bibliographische Information der Deutschen Nationalbibliothek
Die Deutsche Nationalbibliothek verzeichnet diese Publikation
in der Deutschen Nationalbibliographie;
detaillierte bibliographische Daten sind im Internet
über http://dnb.d-nb.de abrufbar.

ISBN: 978-3-7858-0578-7

Umwelthinweis:
Dieses Buch wurde auf chlorfrei gebleichtem Papier gedruckt.

© Luther-Verlag, Bielefeld 2010

Umschlaggestaltung: Vogelsang Design, Aachen
Satz: Luther-Verlag, Bielefeld
Druck und Bindung: SDK Systemdruck Köln GmbH & Co. KG, Köln
Printed in Germany

# Inhaltsverzeichnis

## TEXTE ZUR ERMUTIGUNG

# Einleitung

Wer Besuchsdienst macht, bringt meistens etwas mit: ein Geschenk, ein paar Blumen, etwas Gebasteltes, eine Karte, eine Kerze, den Gemeindebrief usw. Auf jeden Fall bringt er sich selbst mit, seine Gegenwart, sein Interesse, seine Lebenserfahrung, seinen Glauben, seine Hoffnung, seine Liebe. Als Getaufte und Gesegnete bringen wir auch etwas von Christus mit: in unserem Mitgefühl, in unserem Gebet, in einem Lied, in einem Bibelwort. Wo eine Begegnung gelingt, werden beide beschenkt: die, die besuchen, und die, die besucht werden.

Dazu will dieses Buch ermutigen, weiterbilden und informieren. Es ist aus der Praxis vieler verschiedener Formen des Besuchens entstanden. Ein Handbuch für Menschen, die sich schon aktiv im Besuchsdienst engagieren, und für solche, die sich dafür interessieren und dabei sind zu prüfen, ob diese Aufgabe zu ihnen passt. Ebenso ist das Buch als Hilfe gedacht für die Leiter/innen der verschiedenen Besuchsdienste, für Pfarrer/innen und Presbyter/innen.

▶ Zu Beginn werden unter der Überschrift *„Grundlagen"* eine „Spiritualität des Besuchens" und verschiedene Formen von Besuchsdiensten dargestellt.

▶ Danach finden Sie im Buch Arbeitshilfen für konkrete Besuchsdienstsituationen, praktische Anwendungen und Übungen. Sie stehen unter der Rubrik *„Workshops"*. Die Themen können gemeinsam in der Gruppe besprochen und durchgearbeitet werden oder auch alleine im Selbst-Studium reflektiert werden.

▶ Im Abschnitt *„Texte zur Ermutigung"* sind einige Predigten zusammengestellt, die bei den Aachener Besuchsdiensttagen gehalten wurden und als Anregungen für eigene Andachten und Gottesdienste individuell einsetzbar sind.

Die beteiligten Autoren/innen beleuchten das Thema Besuchsdienst aus verschiedenen Perspektiven und Arbeitsbereichen. Das ermöglicht überraschende Erkenntnisse und neue Ideen für das eigene Engagement.

Wir wünschen uns, dass viele Mitarbeitende im Besuchsdienst das Buch zur Hand nehmen und durch die Lektüre zum Mitmachen und Nachmachen ermutigt werden.

Aachen, im September 2010                    *Dorothee Peglau*

# Grundlagen

Armin Drack

# Gemeinde besucht Gemeinde
## Kleine Theologie und Spiritualität
### des Besuchsdienstes

*„Ich war krank und ihr habt mich besucht"*, sagt Jesus Christus im Zeugnis des
Matthäusevangeliums in der Rede vom Endgericht (Mt 25,36).

Wie eine „Magna Charta" des kirchlichen Dienstes des Besuchens erscheint
dieser Satz auf den ersten Blick, der das Geschick der Menschen *in der Welt*
untrennbar und eng verknüpft mit der Existenz Gottes in Jesus Christus:

Wo wir *einander* so dienen (einander besuchen, einander ernähren, einander
kleiden ...), dienen wir Christus selbst – wo wir all dies versäumen, verleugnen
wir Christus selbst.

Die jeweiligen Konsequenzen unseres (Nicht-)Handelns werden uns in den
Bildern vom Jüngsten Gericht dramatisch vor Augen gemalt: *„Was ihr (nicht)
getan habt einem von diesen meiner geringsten Brüder, das habt ihr mir (nicht)
getan"* (Mt 26,40.45).

Kann diese oft zitierte, auch strapazierte Bibelstelle tatsächlich eine Motivation für den Besuchsdienst in den Einrichtungen und in den Gemeinden sein?

Wir müssen wohl etwas grundsätzlicher nachfragen bei Bibel und kirchlicher
Auslegung, um über diese zwar offensichtliche, aber auch etwas oberflächliche
Sicht und Begründung eines so wichtigen Handelns der Kirche wie dem Be-
suchsdienst in seinen vielerlei Bedingungsfeldern hinauszusehen.

Es ist ja kein Zweifel, dass der helfende Dienst an Kranken und Bedürftigen,
an Gebrechlichen und überhaupt Menschen in Notsituationen vom christlichen Glauben her geboten ist. Dieses Engagement ist als eine Frucht dieses
Glaubens zu verstehen.

So weist der Apostel Paulus, dem der Gedanke der „Werkgerechtigkeit" fern
liegt, zum Beispiel immer wieder darauf hin, dass ein „wahrer" christlicher
Glaube (als Vertrauen zu Jesus Christus und zu seinem heilvollen Dasein in
der Welt) bei denen, die zu ihm gehören, auch „Früchte des Glaubens" hervor-
bringt; und dies „automatisch" (αὐτομάτος), wie es schon das Gleichnis von
der über Nacht wachsenden Saat in Mk 4,26 ff. als Bild für das Wachsen des
Reiches Gottes beschreibt.

Christen, die mit Lust und Leidenschaft ihren Glauben praktizieren, wollen in diesem Sinne des Wachsens des Reiches Gottes den Willen Christi tun; sein Gebot, Gott und den Nächsten zu lieben wie sich selbst, ist ihnen ins Herz eingeschrieben und drängt danach, umgesetzt zu werden in alltägliches Handeln. Quasi automatisch treibt der Glaube Menschen an, Liebe und Gerechtigkeit und Hilfe zu praktizieren. Gottes Geist des Lebens treibt so in ihnen sein Wesen, dass sie als Werkzeuge des Heiligen Geistes die Welt umgestalten zum Reich Gottes hin.

Es ist Bestimmung und Auftrag der Christen und der Kirche, ihre „Sendung" Wirklichkeit werden zu lassen.

So groß und erhaben wird aber heute kaum ein ehrenamtlicher Mitarbeiter, eine ehrenamtliche Mitarbeiterin im Besuchsdienst der (Volks-)Kirche sich selbst und das eigene Engagement verstehen.

Bei allen möglichen Motivationsgründen, die aufgeführt werden mögen, ist eine solche Begründung eher Wunsch als Wirklichkeit, wie die Erfahrung zeigt. Aber das ist nicht bloß zu bedauern, weitet sie doch auch den Blick auf das Wesen und die Möglichkeiten – und Grenzen – heutigen besuchenden Handelns der Gemeinde.

Die Kirche (und jede konkrete Gemeinde am Ort) kommt ihrem Auftrag, ihrem „Amt" (Dienst / *„ministerium"*), Gottes Gegenwart in der Welt zu bezeugen und am Aufbau seiner neuen Welt in dieser Welt mitzubauen nach, indem sie sich in (mindestens) vier Aufgaben- und Lebensfeldern engagiert. Es sind die klassischen Erkennungszeichen („notae ecclesiae") der Kirche, die seit der antiken Zeit und bis heute ökumenisch-weltweit erkannt werden:

▶ Liturgie / Gottesdienst (Λειτουργία)
▶ Martyria / Zeugnis (Μαρτυρία)
▶ Helfendes Handeln / Diakonie (Διακονία)
▶ Gemeinschaft / Koinonia (Κοινωνία)

Erzählungen der neutestamentlichen Apostelgeschichte, wie aber auch schon die älteren Briefe des Apostels Paulus zeigen auf, wie die unterschiedlichen Aufgaben in diesen vier Lebensfeldern der ersten Gemeinden schon sehr früh differenziert übernommen und verwirklicht wurden:

Aber die praktische Erfahrung lehrte sehr bald, dass nicht alle Gemeindeglieder oder „Amtsträger" (Apostel, Propheten etc.) alle Aufgaben zugleich wahrnehmen können; andererseits erkannte man, dass es eben auch dem Wirken Gottes und seines Heiligen Geistes entspricht, wenn unterschiedliche Aufgaben von unterschiedlichen Menschen mit unterschiedlichen „Charismen" (Begabungen) verwirklicht werden.

Deutlich blieb von Anfang an, dass es hier nicht um eine spirituelle (oder gar theologische) *Trennung* von Aufgaben oder um eine „Hierarchisierung" gehen sollte. Die Herausforderung war, eine *Funktionalisierung* und Aufgabendifferenzierung zu verwirklichen, um eine möglichst große Effizienz zu erreichen.

Denn immerhin: Damals wie heute ist nicht jeder/jede für jede Aufgabe gleich gut geeignet – der Motivation nach, dem Zeitaufwand, der Befähigung, dem Charakter nach usw. Trotzdem bleibt es das Amt (der Dienst) der Kirche, diesen Aufgaben in unterschiedlicher Weise nachzugehen, will sie ihrem (Gesamt-)Auftrag gerecht werden.

Historisch betrachtet ist dann leider doch eine Hierarchisierung und Klerikalisierung eingetreten, die dazu führte, die „Diener der Liturgie" höher zu schätzen und auch anders zu achten als die „Diener" der anderen drei Lebensfelder der Kirche (Gemeinde). Diese „Klerikalisierung" aber ist dem Wesen des Christlichen nicht nur fremd, sondern auch schädlich, weil es die übrigen „Charismen" geringer schätzt und – im heutigen Sprachgebrauch – bestimmte Dienste der Kirche so professionalisiert, dass sie zu „Dienstleistungen" werden können, die abrufbar und einklagbar werden.

Die Berufung zum *Dienst (Amt) der Kirche* aber geschieht schon durch die Taufe und den Glauben, nicht erst durch eine *Ordination* zum ausdrücklichen „Dienst an Wort und Sakrament" oder die Ordination zum Diakonat; die Berufung zum Dienst an „Liturgie, Diakonie, Zeugnis und Gemeinschaft" ist allen Christen gemeinsam – als ihre Würde wie ihre Pflicht, als ihre Gabe wie ihre Aufgabe.

Es ist keine Frage, dass in unserem Zeitalter der Professionalisierung auch das kirchliche Handeln professionell, d.h. gut ausgebildet und sachkundig zu geschehen hat. Insbesondere die sachgemäße *diakonische Hilfe* ist hier zu sehen, aber – im Blick auf die Besuchsdienstarbeit – vor allem auch das professionelle seelsorgliche Handeln durch besonders ausgebildete Gesprächspartnerinnen und -partner, als die die Pfarrerinnen und Pfarrer in den Gemeinden und „am anderen Ort" (Krankenhaus, Altenheim, Gefängnis, Polizei, Militär, Schule, Notfallseelsorge, Telefonseelsorge etc.) zu verstehen sind.

Als geschulte Gesprächspartner sind dabei wohl vor allem die Letztgenannten als besondere „Leuchtfeuer" des diakonischen Handelns der Kirche nicht hoch genug zu schätzen, weil sie gegenüber den Mitarbeitenden im Gemeindepfarramt vertieft qualifiziert und ausgebildet sind.

Besonders im Krisen- und Konfliktfall wird dieser kirchliche Dienst ja auch in der Öffentlichkeit in besonderer Weise wahrgenommen und für wichtig betrachtet, aus gutem Grund.

Angefochtenen, verunsicherten oder ängstlichen Menschen Trost und Orientierung zu geben, in Gesprächen neue Lebensperspektiven zu entwickeln,

Beistand in Krisen zu leisten und in Konflikten zu vermitteln, all das leisten die dafür besonders ausgebildeten und durch Kirche und Diakonie beauftragten Menschen.

Gleichwohl sind auch die Gesprächspartnerinnen und -partner dieser „professionalisierten Seelsorge" durch Pfarrerinnen und Pfarrer, Therapeutinnen und Therapeuten nicht „Objekte" kirchlichen Handelns, sondern als Dialog-Partner zugleich mündige, berufene und gesandte Mitchristen und Partner in einem gemeinsamen Lebensklärungsprozess.

Diese Aufgaben der professionellen Diakonie und Seelsorge gehen damit weit über die eines gemeindlichen Besuchsdienstes hinaus und beide Aufgaben sollten nicht verwechselt werden. Denn einerseits könnte es leicht zu einer Überforderung der so Handelnden kommen, andererseits kann eine fehlende „Professionalität" (im Sinne von geschulter Ausbildung) manchen Schaden anrichten, der kaum aufgefangen werden könnte oder zumindest kontraproduktiv und ineffizient für den Gesprächspartner wäre.

Darum sind die Besuchsdienste in den Gemeinden nur in den wenigsten Fällen als solch „professionelles" diakonisches Handeln zu verstehen – und wollen sich selbst auch meist so nicht verstehen; denn es sind dem Selbstverständnis nach bescheidenere „Dienste am Nächsten", die in der Regel zwar mit einer gewissen Zurüstung, aber nicht mit einer hoch qualifizierten Ausbildung getan werden. Dies würde ehrenamtlich Mitarbeitende in vielen Fällen auch überfordern; gleichwohl ist ihre Motivation zu diesem Dienst dem Wesen nach keine andere als bei denen, die ihn zu einem bezahlten Beruf machen konnten.

Insbesondere der Besuchsdienst in Altenheimen, Krankenhäusern und Gefängnissen verwirklicht auf je seine Weise das diakonische Engagement der Kirche und lässt erleben, was der Theologe Fulbert Steffensky bezeichnet hat als „den Trost der Geschwister suchen" – und schenken.

Neben dieser diakonischen Form des Besuchsdienstes existieren seit Jahrzehnten in den Gemeinden aber auch die Besuchsdienste, die andere Zielgruppen als die „Notleidenden" im Sinne von Matthäus 25 im Blick haben: Besuche werden im Namen der Gemeinde organisiert bei Seniorengeburtstagen, bei Neuzugezogenen, manchmal auch bei Tauffamilien, Konfirmandeneltern oder anderen Gelegenheiten.

Solche Besuche sind viel weniger von einem diakonischen Ansatz her sinnvoll zu verstehen – in der Volkskirche aber sicher auch nicht im Sinne eines Dienstes an „Liturgie" oder „Zeugnis" – sprich „Mission und Verkündigung"! –, sondern vielmehr im Sinne der Pflege der „Koinonia":

*Koinonia* – Gemeinschaft – meint im weiteren Sinne die Pflege der kirchlichen Gemeinschaft der Christinnen und Christen, der Gemeinden und Kirchen jenseits aller Grenzen von Geografie, Sprache und Konfession. Im engeren

Sinne aber ist sie zunächst und schlicht: die Pflege der Gemeinschaft der Christinnen und Christen in einer konkreten Gemeinde – und sie ist damit mehr als die „Kirchenmitgliederpflege", um mögliche Kirchensteuerzahlende bei der „Sache" zu halten.

Der Dienst der Koinonia ist so verstanden *Beziehungspflege* – und darum auch Vertrauenssache.

Dabei steht natürlich der oder die Besuchte im Vordergrund der Begegnung; ihm bzw. ihr aufmerksam und achtsam begegnen zu lernen, dienen immer wieder auch die Fortbildungen und Zurüstungen. Aber indem eine Vertreterin/ ein Vertreter aus dem *gemeindlichen* (kirchlichen) Besuchsdienst das Gespräch sucht und anbietet, ist für die meisten Besuchten auch (wenngleich gelegentlich eher latent) erkennbar, dass es sich hier um mehr als einen freundschaftlich-nachbarschaftlichen Besuch handeln soll.

Besonders der gemeindliche Besuchsdienst lässt erleben und im direkten Kontakt spüren, was Nikolaus Ludwig Graf von Zinzendorf schon so pointiert formuliert hatte: „Ich konstatiere kein Christentum ohne Gemeinschaft" – auch wenn sie (noch) nicht die gottesdienstliche und Gebets-Gemeinschaft im „Wort und Sakrament" darstellt.

Damit es aber eine Verbindung zu den Lebensfeldern „Liturgie" und „Martyria" geben kann, braucht es behutsame und zugleich glaub-würdige Mitarbeitende der „Koinonia", die Vertrauen wecken und Beziehungen zur Gemeinschaft der Gemeinde fördern können.

Praktizieren die Besuchenden selbst nicht diese „Gemeinschaft der Gemeinde", werden auch ihre Besuche über eine freundliche Höflichkeit nicht hinausreichen können und die so Besuchten werden sich kaum eingeladen fühlen, sich auch selbst als Teil der „Koinonia" zu verstehen.

Christliche Spiritualität aber ist – sosehr sie persönlich und individuell ist – ja niemals privat und sich selbst genügend, sie drängt zum Leibhaftigwerden in der Gemeinschaft der Gemeinde.

Auch der Besuchsdienst der Gemeinde betrachtet die Besuchten darum eben nicht als „Objekte" kirchlichen Handelns (etwa im Sinne einer „missionarischen Gelegenheit"), sondern versucht, Räume und Gelegenheiten der Begegnung zu schaffen, die Leben fördert, Austausch eröffnet und Beziehungs-/Kontaktpflege intendiert.

Um einem Missverständnis entgegenzuwirken:

Der gemeindliche Besuchsdienst dient nicht einfach der „Mitgliederpflege" oder gar der „Rekrutierung" von aktiven Gemeindemitgliedern; aber er wird ziel-los und sinn-los, wenn er nicht zumindest das Angebot eröffnet, das eigene Gemeinde-Glied-Sein der Besuchten wahrzunehmen und zu fördern.

Das schließt nicht aus, sondern ausdrücklich ein, dass die vorrangigen Themen der gemeindlichen Besuche die Lebensthemen der Besuchten sind, die behutsam im Gespräch entwickelt werden und in denen die Gesprächspartner Wertschätzung und Wahrnehmung erleben können.

Im Sinne des biblischen „einander Annehmen" (Römer 15,7) ist ein solcher kirchengemeindlicher Besuch eben keine „Einbahnstraße", sondern kann ein Ort der Begegnung sein, bei der ein „Ich" und ein „Du" zu einem „Wir" werden (im Sinne auch der personalistischen Dialogik Martin Bubers und Emil Brunners).

Alles wahre Leben ist Begegnung und „Reziprozität". Diese Reziprozität bedeutet eine Gegenseitigkeit, von der das Neue Testament sagt, sie sei zugleich ein Ort echter Gottesbegegnung, denn in der Gemeinschaft mit einem Mitmenschen sei zugleich die Gemeinschaft mit Gott präsent. Beispiele:

*„Niemand hat Gott jemals gesehen. Wenn wir uns untereinander lieben, so bleibt Gott in uns, und seine Liebe ist in uns vollkommen ... Und wir haben erkannt und geglaubt die Liebe, die Gott zu uns hat. Gott ist die Liebe; und wer in der Liebe bleibt, der bleibt in Gott und Gott in ihm ... Und dies Gebot haben wir von ihm, dass, wer Gott liebt, dass der auch seinen Bruder liebe."*
(1. Johannes 4,12.16.21)

*„Ein neues Gebot gebe ich euch, dass ihr euch untereinander liebt, wie ich euch geliebt habe, damit auch ihr einander lieb habt."*
(Johannes 13,34)

In solchen Begegnungen vollzieht sich die Existenz des Volkes Gottes, der seinen „neuen" Bund in Jesus Christus vorbehaltlos, aber nicht folgenlos schließt mit allen Menschen, die er liebt und annimmt.

Dies zumindest dem Ansatz nach spüren und erleben zu lassen, bleibt Sinn und Ziel des kirchlichen Besuchsdienstes. Immerhin ist neben dem Wort für „Gott" (Θεός) bzw. Christus das Wort „einander" (Ἀλλήλων) eine der häufigsten Vokabeln im Neuen Testament !

*„Der Wohltätigkeit aber und der Gemeinschaft (Κοινωνία) vergesst nicht, denn solcherart Opfer erfreut Gott."*
(Hebräer 13,1.2)

Dorothee Peglau

# Gemeinde besucht ihre Umgebung

Das Verständnis von Besuchsdienst braucht eine Weitung in den Formen. Neben den klassischen Besuchsdiensten, die in den vorigen Kapiteln vorgestellt wurden, kann man mit neuen Formen und Kombinationen experimentieren:

► Konfirmanden besuchen jeweils zu zweit ausgesuchte Gemeindeglieder
► Die Jugendgruppe besucht eine Werkstatt und eine Wohngruppe für Behinderte
► Die Frauenhilfe besucht eine Wohngruppe für psychisch Kranke
► Eine Kindergartengruppe besucht ein nahe gelegenes Altenheim
► Das Presbyterium besucht die verschiedenen politischen Parteien vor Ort
► Das Presbyterium besucht einen Managerkongress in der Nähe
► Kirche trifft Fußball oder andere Sportvereine
► Der Pfarrkonvent besucht das Theaterensemble, das städtische Orchester, die moderne Kunstszene, die größeren Betriebe am Ort
► Der Chor besucht die Banken zum Betriebsfest
► Der Posaunenchor spielt im Krankenhaus Adventslieder und bei Aldi zur Weihnachtsfeier der Mitarbeitenden

Als Formen haben sich in der Praxis bewährt:

► Ein Einzelner besucht einen Einzelnen, zwei oder mehr zusammengehörende Menschen.
► Zwei zusammen machen einen Besuch in einem Haushalt (s.o.)
► Eine Gruppe besucht eine andere Gruppe/Institution
► Ein Gremium besucht ein anderes Gremium
► Ein Gremium besucht eine Gruppe

Wenn sich eine Gemeinde im Besuchsdienst vertiefen möchte, geht es um die praktischen Fragen: Wer besucht? Wen? Wann? Wo? Wie oft? Die o. g. Beispiele sind ja nur eine kleine Auswahl an neuen Kombinationen und Variationen. Der Kreativität sind hier nur wenige Grenzen gesetzt. Man kann es das „Prinzip Sauerteig" nennen: die Umgebung berühren, ansäuern, durchdringen. Kontakte knüpfen, zu gegebener Zeit und Gelegenheit intensivieren, nutzen. Daraus ergeben sich überraschende Möglichkeiten zur Kooperation, zur Seelsorge, zum gemeinsamen Feiern und zur gegenseitigen Unterstützung.

Ein großes Hindernis für den Besuchsdienst sind die vielfach vorhandenen Berührungsängste. Menschen mit schweren Schicksalen zu begegnen, macht einigen Menschen Angst. Ebenso das Anschauen von Krankheit, Behinderung, Einschränkung, Trauer und Leid. Davon wird auch in der Kirche viel an die Seite gedrängt und verdrängt, weil es unseren Lebensstil und unseren Glauben in Frage stellt. Wie kann Gott das viele, schreckliche Leid zulassen? Wann und wo erfüllt Gott seine Verheißungen? Man fühlt die eigene Ohnmacht gegenüber der leidvollen Situation, das ist kein angenehmes Gefühl. Also werden solche Erfahrungen möglichst vermieden. Daran wird die Kirche arm: arm an Erfahrungen mit denen, die nicht auf der Sonnenseite des Lebens stehen; das engt den Blick ein. Die Kirche wird arm an Barmherzigkeit, den Kranken, Geplagten und Geschlagenen beizustehen, auch wenn man unmittelbar nichts helfen, ändern oder verbessern kann; das kühlt die Liebe ab. Die Kirche wird arm an Hoffnung über den Horizont hinaus, dass Gott einmal am Ende der Zeit den Jammer dieser Erde in Heil verwandeln wird; das zehrt den Glauben aus.

Die Begegnung mit den Leidenden birgt das Geheimnis der Christusbegegnung. Die Frauen unter dem Kreuz Jesu sind darin Vorbild.

Die Berührungsängste betreffen noch andere Zielgruppen, mit denen die Ortsgemeinde meist keinen oder wenig Kontakt hat: politische Parteien, Sportvereine, Banken, mittelgroße oder größere Unternehmen vor Ort, die Kulturszene vor Ort, die außerkirchliche Musikszene, Hochschulen etc. Hier bestehen die Berührungsängste manchmal darin, von dem Erfolg, der Anerkennung, der Kraft, der Leidenschaft, von einem anderen Lebens- und Arbeitsstil in Frage gestellt zu werden. Kirche wird direkt von außen betrachtet und bekommt gegebenenfalls eine kritische Rückmeldung, vielleicht aber auch eine positive, anerkennende. Das weiß man erst, wenn man hingeht, einander begegnet und zuhört. Vielleicht ist ja manche Kritik berechtigt und kann ein Umdenken und anderes Handeln anstoßen. Manchmal drängt sich allerdings der Eindruck auf, dass auf diese Fremdwahrnehmung kein Wert gelegt wird, dass man sowieso lieber alles beim Alten lässt. Das hat ja bisher auch funktioniert. Also geht man lieber erst gar nicht hin.

Wer nur auf den eigenen Kirchturm fixiert ist und bleibt, macht keine neuen Erfahrungen, lernt keine neuen Menschen kennen, verkümmert an Ideen und Kontakten. Dann kann die Kirchengemeinde eine langweilige, altbackene, redundante bis morbide Ausstrahlung bekommen. Manch Schaukasten, manche Friedhofskapelle, mancher Jugendkeller, manch Gemeindesaal spiegeln das in drastischer Weise wider. Kirche verliert so an Wirkungskraft, sie verwaltet sich nur noch selbst und präsentiert sich nicht-einladend. Aus internen kirchlichen Kreisen ist bekannt, dass viele Menschen in der Kirche ihre Kirchengemeinde nicht einladend und attraktiv für sich selbst oder für Außenstehende finden. Wenn sie nicht schon dabei wären und aus Überzeugung mitmachen und bleiben, würden sie nicht zu kirchlichen Veranstaltungen oder Gruppen kommen. Die Ehrlichkeit hilft, auch wenn es keine schmeichelhafte Wahrheit ist. Wohin wollen wir Menschen einladen, wenn sie dazukommen möchten? Wie sehen unsere Gemeindehäuser aus? Welche Gruppe freut sich auf Neuzugänge und neue Ideen?

Das Verständnis von „Besuchsdienst" braucht theologisch eine Weitung, um in der Kirche nicht zur Nebensache zu werden. Sitzungen und Papiere dürfen den Gemeindegliedern nicht so viel an Zeit und Energie rauben, dass für das Besuchen kein Platz mehr ist. Im Namen Jesu Christi Menschen zu suchen und zu besuchen, gehört zu den vornehmsten Aufgaben der Kirche. Weil Gott uns besucht hat aus der Höhe in der Menschwerdung Jesu, gehört das Besuchen zur christlichen Frömmigkeit. „Geht hin!", sagt Jesus, wartet nicht, bis jemand bei Euch vorbeikommt. Geht hin! Besuchsdienst nimmt Gottes Bewegung zu uns Menschen auf und führt sie weiter.

Wenn man jemanden besucht, macht man sich zuvor auf den Weg, geht weg von dem Eigenen hin zu dem Anderen, man macht sich Mühe, legt einen Weg zurück, um den anderen aufzusuchen. Man ergreift die Initiative, erweist jemandem mit seinem Kommen Respekt, beehrt ihn mit seiner Gegenwart. In übersteigerter Form kann jeder die Bedeutung und Würde eines Besuches erkennen, wenn eine wichtige Persönlichkeit, etwa Queen Elisabeth von England, erwartet wird. Wer dabei sein kann, fühlt sich von ihrer Gegenwart beehrt. Beim Besuchen wird Aufmerksamkeit geschenkt, begegnen sich Menschen aus Fleisch und Blut direkt am gleichen Ort, man nimmt gegenseitig Teil am Ergehen des anderen. Im Zeitalter der digitalen Kommunikation wird die Bedeutsamkeit des Besuches noch erheblich steigen, da er zur Mangelware wird. Fernsehen, Handy, Internet, Blog, Twitter etc. können die Begegnung von Menschen aus Fleisch und Blut in der Einheit von Zeit, Raum und Handlung nicht ersetzen. Ein Fußballspiel live am Fernsehgerät zu verfolgen, kann spannend sein. Es ist aber einem Live-Erleben im Stadion weit unterlegen.

In der direkten Begegnung mit anderen Menschen weitet sich unsere Wahrnehmung, wir erleben Fragen, Gedanken, Ideen, Bedürfnisse, Gefühle und Probleme aus erster Hand mit, nicht nur verallgemeinert aus Zeitung, Fernsehen oder Büchern.

Bei den Besuchen in der Umgebung der Gemeinde kann man feststellen, wo es gemeinsame Ziele, Interessen und Aufgaben gibt. Vielleicht bekommt manches Projekt, manche Idee so eine Chance auf Realisierung, weil mehr Köpfe und Hände zusammendenken und -arbeiten. Das macht Arbeit, aber auch viel Freude. Wenn es gelingt, feiert man mit den neuen Freunden zusammen.

Jesus ging über die Grenzen hinaus. Er ging zu den Zöllnern und Sündern, er sprach mit den Huren und den römischen Soldaten, er segnete Frauen und Kinder, er lud die Heiden in das Heil ein. All das war damals völlig unüblich. Jesus gewann Menschen für die Nachfolge, indem er direkt mit ihnen in Kontakt trat. Wo und was sind die Grenzen der Gemeinde, die sie im eigenen Milieu verharren lässt? Welche Grenze möchte sie überschreiten?

## Zum Nachdenken

### Jesus-Geschichten vom Besuchen

| | |
|---|---|
| ▶ Schwiegermutter des Petrus | *Matthäus 8,14–17* |
| ▶ Aussendung der Zwölf | *Matthäus 10,5–15* |
| ▶ Talitha Kumi | *Markus 5,21–43* |
| ▶ Der Hauptmann von Kapernaum | *Lukas 7,1–10* |
| ▶ Maria und Martha | *Lukas 10,38–42* |
| ▶ Der Zöllner Zachäus | *Lukas 19,1–10* |
| ▶ Emmaus | *Lukas 24,13–35* |
| ▶ Hochzeit zu Kana | *Johannes 2,1–12* |
| ▶ Auferweckung des Lazarus | *Johannes 11,1–45* |

## Die Schattenseiten des Besuchsdienstes

Der Besuchsdienst ist kein Allheilmittel für alle Fragen und Probleme des gegenwärtigen Gemeindelebens.

Es gibt Besuche, die sind unangenehm für den Besucher und/oder für den Besuchten. Nicht jeder Besuch „gelingt". Woran liegt das? Pflichtgefühl beim Besuchen, mangelndes Interesse, zu viel Nähe, zu viel Distanz, Zeit und Ort passen gerade nicht zusammen, die Menschen passen nicht zusammen, Ablehnung und Beschimpfung der Besucher/innen, ein Auftrag durch Dritte und der Betroffene weiß nichts davon und möchte keinen Besuch?

Das sind mögliche Gründe. Manchmal wissen wir es auch nicht. Manche Situationen können wir durch Reflexion und Schulung verbessern, manche bleiben schwierig oder aussichtslos. Auch das ist nüchtern festzustellen und zu akzeptieren.

Es ist gut, zu respektieren und sie zu lassen, wenn Menschen keinen Besuch durch die Kirchengemeinde wünschen. Jesus empfiehlt seinen Jüngern, den Staub von den Füßen zu schütteln und weiterzugehen, wenn sie in einem Haus nicht aufgenommen werden (Matthäus 10,12–14). In manchen Fällen kann es gegebenenfalls ein anderer noch einmal probieren oder – bei Unsicherheit – man klärt vorher telefonisch ab, ob ein Besuch erwünscht ist.

Wer Besuchsdienst macht, erlebt Schönes und Schweres, Heiteres und Bedrückendes, Annahme und Ablehnung, Erfolg und Enttäuschung, Engagement und Frustration. Damit befinden Sie sich in der Gemeinschaft des Meisters, der all das auch erlebte. Besuchsdienst ist Christusdienst und Weggemeinschaft mit Christus. Nachfolge hat helle und dunkle Phasen.

# Die Grünen Damen –
## Besuchsdienst im Krankenhaus und Altenheim

In vielen Gemeinden gibt es einen Besuchsdienst für die Kranken im Krankenhaus: die sogenannten „Grünen Damen". Der Name resultiert aus dem grünen Kittel, den die Ehrenamtlichen vom Krankenhaus gestellt bekommen, um bei ihren Besuchen in den Krankenzimmern erkennbar zu sein, und der zugleich einen hygienischen Schutz darstellt. Ein weiteres Accessoire dieses Dienstes ist das obligatorische Namensschild am Kittel sowie der „Hausausweis". Diesen stellt die Klinik aus und versichert so die Grünen Damen über das Haus während ihres Einsatzes. Damit haben sie zugleich auch Zugang zur Mitarbeiter-Cafeteria.

Wer bei den „Grünen Damen und Herren" mitmacht, unterliegt der Schweigepflicht über die Personen und Informationen, die er beim Besuchsdienst erfährt. Diese Verpflichtung zur Verschwiegenheit wird meist in einer schriftlichen Erklärung unterschrieben, die auch nach der Beendigung des Engagements bestehen bleibt.

Wer sich für diesen Dienst interessiert, durchläuft zuvor eine Art Bewerbungsprozess. Nach allgemeinen und speziellen Informationen, einem auszufüllenden Fragebogen, einem Gespräch mit der Leitung des Besuchsdienstkreises kann man in der Gruppe hospitieren. Beim gegenseitigen Kennenlernen der Aufgaben und der Menschen gewinnen alle Beteiligten einen Eindruck davon, ob man zueinander passt. Wer mitmacht, verpflichtet sich in der Regel zu einem Einsatz pro Woche. Manchmal ist es notwendig, ein Gesundheitsattest vorzulegen.

Um die Ehrenamtlichen bei ihrem Dienst zu unterstützen, erhalten sie einmal im Monat eine Supervision in der Gruppe. Dabei werden Fragen, Konflikte oder Schwierigkeiten besprochen, die beim Besuchen aufgetreten sind.

*Zu Beginn* des praktischen Einsatzes werden die Ehrenamtlichen von der Pfarrerin in drei Einheiten mit den **Grundlagen der Gesprächsführung** vertraut gemacht. Am runden Tisch bei Tee und Gebäck stellen sich die Neuen gegenseitig vor und erzählen, was sie bewogen hat, bei den Grünen Damen mitzumachen, wie sie in Kontakt gekommen sind. Wie erleben sie das Krankenhaus? Wie wirkt es auf sie? Haben sie Erfahrung mit Krankheit im Krankenhaus? Oder mit Krankenbesuchen? Es zeigt sich, dass die Motivationen und Zugänge ganz verschieden sind: Manche waren selber krank und wurden besucht, das möchten sie gerne weitergeben. Andere waren krank und wurden nicht besucht. Das motiviert sie, diesem Mangel abzuhelfen. Oder sie haben keine eigene Krankenhauserfahrung, sondern sind über die Zeitung oder Bekannte aufmerksam geworden und wollen sich in diesem Bereich engagieren. Es kommt auch vor, dass jemand Angst vor der eigenen Courage bekommt, wenn es dann ernst wird mit dem Besuchen. „Ich will mich engagieren, aber ich habe Panik davor, was auf mich zukommen könnte, was ich alles sehen, erleben und zu hören kriege."

Es wird deutlich, dass es bei den Grünen Damen um eine neue, noch ungewohnte Rolle geht. Man ist nicht Besucher aus dem familiären Umfeld oder aus dem Freundeskreis, man ist auch nicht der Patient/die Patientin, sondern kommt quasi als Mitarbeitende des Krankenhauses, der Kirchengemeinde oder Diakonie. Dazu gehört, sich im Krankenhaus zurechtfinden zu können, die Schwelle zum Patientenzimmer zu übertreten und mit der Person hinter der Tür Kontakt aufzunehmen.

Um die Schwellenangst etwa zu reduzieren, hospitieren die Neuen am Anfang bei den Erfahrenen, d.h. sie gehen zu zweit los. So können sie verschiedene Stile kennenlernen, wie man mit fremden Menschen Kontakt aufnehmen kann. Die Neuen können sich abgucken, was ihnen angemessen erscheint, und weglassen, was nicht zu ihrem eigenen Stil passt.

In der *zweiten Einheit* wird das **Gesprächsmodell nach Carl Rogers** vorgestellt. Carl Rogers war Psychotherapeut in den USA und entdeckte in der Mitte des 20. Jahrhunderts, dass eine empathische, einfühlende Gesprächsführung heilsam ist. Um dem Gegenüber so zu begegnen, ist es hilfreich, aufmerksam zuzuhören und die Gefühle des anderen auszusprechen: seine Angst und Sorge, seine Wünsche und Erwartungen, seine Hoffnungslosigkeit und Enttäuschung etc. Oft sind diese Gefühle hinter den Aussagen des Patienten etwas versteckt. All das wird warmherzig aufgenommen und angenommen, ohne es zu bewerten, zu bagatellisieren, zu verdrängen oder aufzubauschen. So fühlt sich der Patient geachtet und kann sich entspannen. Er spürt: Hier muss ich mich nicht wehren, rechtfertigen oder verteidigen.

Wer aktiv zuhört und dem anderen ein hilfreicher Gesprächspartner sein möchte, muss dabei authentisch sein, er muss selber ehrlich und echt sein. Wer dem anderen seine Freundlichkeit, sein Interesse, seine Fähigkeit nur vorspielt, betrügt den anderen und enttäuscht ihn. Wer schon krank ist, braucht so etwas nicht. Rogers nennt diesen Punkt „Kongruenz": Das Verhalten des Menschen stimmt überein mit seiner Einstellung, seinem Charakter, seiner Persönlichkeit.

Wer empathisch ist, wer sich in die Lage und Gefühlswelt des anderen einfühlt, ist dabei sehr aktiv. Diese Zuwendung erleben viele als wohltuend und heilsam. Der Volksmund bringt es auf den einfachen Satz: Geteiltes Leid ist halbes Leid.

Hauptziel der zweiten Einheit ist zu erkennen, dass jeder Mensch anders ist und darum auch seine Umgebung anders wahrnimmt. Obwohl man die gleiche Sprache gebraucht, bedeuten die gleichen Worte manchmal extrem unterschiedliche Dinge.

Eine **Übung** verdeutlicht das:
- 1. Es wird ein Begriff genannt (z.B. Ball oder Banane oder Vater).
- 2. Die Teilnehmenden sollen ihre Assoziationen wahrnehmen: Welche Gedanken, Bilder, Gefühle werden in mir wach, wenn ich diesen Begriff höre.
- 3. In der Runde wird mitgeteilt, was eine jede/ein jeder zu dem Begriff wahrgenommen hat.
- Das Mitgeteilte wird nicht diskutiert, nicht kommentiert, nicht bewertet. Es spricht jeweils nur eine/r, die anderen hören zu.
- Pro Begriff kann eine Runde geübt werden.

An dieser Übung werden die Kennzeichen der klientenzentrierten Gesprächsführung nach Carl Rogers deutlich. Es kommt darauf an, die Äußerungen des anderen nicht zu kommentieren, sondern sich in das Gegenüber einzufühlen. Dabei soll man authentisch und im Kontakt mit sich selber bleiben, also die eigenen Gefühle, Reaktionen und Gedanken nicht verleugnen. Man nimmt sie für sich selber wahr, ohne sie zu äußern. Aktives Zuhören erfordert viel Aufmerksamkeit für den anderen. Gefühle dürfen zugelassen werden, keine Angst vor Tränen. In der oben genannten Übung wurden diese Haltungen schon mal ausprobiert.

In der *dritten Einheit* wird die **Wahrnehmung am Krankenbett** und im Krankenzimmer thematisiert.

Wer die Türschwelle zu einem Krankenzimmer überschreitet, betritt eine eigene Welt. In der Ausbildungsrunde wird im Dialog miteinander besprochen, was man sieht, was man riecht, was man hört. Die Patienten/innen und ihre Umgebung im Zimmer werden wahrgenommen:
- Welchen Eindruck macht der Patient auf mich?
- Was steht auf dem Nachttisch (z.B. Foto, Buch, Postkarte, Blumen, Zeitung, Wecker, Kuscheltier, Ballon etc.)?

▶ Welche medizinischen Gerätschaften und Accessoires nimmt man wahr (z.B. Infusionsständer, Verbandsmaterial, Windeln, Urinbeutel, Schrauben im Arm, Brechschale, Medikamente, Toilettenstuhl, Rollator, Rollstuhl etc.)?

Die Wahrnehmung der Gesamtsituation im Krankenzimmer informiert die Besucherin/den Besucher in einer ersten Ebene darüber, was der Patient braucht, wie viel ihm fehlt, wie er sich äußerlich auf seine Krankheit eingestellt hat.

Eine deutliche Botschaft wird von der Nase überbracht: Was rieche ich? Die Palette ist weit und oft eine Mischung (z.B. süßlich, Blumenduft, Parfüm, Rasierwasser, Urin, Exkremente, Blut, Schweiß, ungewaschen, ungelüftet, Desinfektionsmittel, Menthol, Putzmittel etc.).

Hier wird deutlich, dass die Ehrenamtlichen bei ihren Besuchen auch auf sich selbst achten müssen. Sich zu etwas zu zwingen, was man nicht oder nur schwer aushalten kann, ist kontraproduktiv. Die Nase wird zwar nach einiger Zeit unempfindlich gegen einen bestimmten Geruch, dennoch bleiben bei jedem bestimmte Grenzen, die es einzuhalten gilt. Manchmal ist es dann notwendig, sich bald wieder zu verabschieden.

Bei dieser ersten Wahrnehmung entsteht auch ein Eindruck davon, wie man die Patientin/den Patienten sieht, die man besuchen möchte.
▶ Ist mir die Person sympathisch oder nicht?
▶ Woran merke ich das?
▶ Wie gehe ich damit um?

Die Runde schließt mit einem Feedback:
▶ Welche Fragen sind offen geblieben?
▶ Haben Sie Mut bekommen für diese Aufgabe?
▶ Was war eventuell abschreckend?

## Tipps für den Besuch in Patientenzimmern

Die Dauer des Besuches ist nicht entscheidend. Der Besuch orientiert sich am Patienten, an seinem Wohlergehen, an seinen Umständen, an seinem Energiezustand, an seinem Wunsch und Bedürfnis. Das können 3–5 Minuten sein oder 15 oder 30. Es ist wichtig, dieses zu spüren, an der äußeren Situation abzulesen oder gegebenenfalls zu erfragen.

Die Höflichkeit gebietet es, an die Tür des Patientenzimmers zu klopfen, bevor Sie eintreten. Ein kurzer Blick ins Zimmer ermöglicht eine erste Orientierung, ob ein Besuch zu diesem Zeitpunkt angemessen ist oder nicht (z.B. andere Besucher, Toilettengang, Visite, Behandlung, Physiotherapie, Essen etc.).

Die grüne Lampe über der Tür signalisiert, dass sich ein Arzt/Ärztin oder das Pflegepersonal im Zimmer befindet. Die rote Lampe bedeutet, dass ein Patient die Schelle gedrückt hat und Hilfe braucht. In beiden Fällen – bei rotem und grünem Licht – ist ein Besuch zu diesem Zeitpunkt unangemessen.

Manchmal hängen Hinweise an einer Tür: „Besucher bitte beim Stationspersonal melden" oder „Kein Besuch!". Sie können sich erkundigen, was der Grund dafür ist. Manchmal geht es um Hygienemaßnahmen beim Besuchen (Schutzkittel, Gummihandschuhe, Mundschutz). Es gibt aber auch andere Gründe.

Wenn Sie den Patienten nicht kennen oder er Sie nicht, gebietet es die Höflichkeit, dass Sie sich mit Ihrem Namen vorstellen und zu welcher Gruppe Sie gehören bzw. was Sie dazu bewogen hat, diesen Besuch zu machen. (z. B.: *„Ich heiße XY und komme von den Grünen Damen. Das ist eine Gruppe von Ehrenamtlichen, die zur Evangelischen/Katholischen Kirchengemeinde gehört und die Kranken besucht."*)

Das Bett des Patienten ist keine Sitzgelegenheit für den Besucher, auch nicht, wenn der Patient Sie dazu einlädt. Dafür gibt es Stühle oder Hocker. Das Bett ist während seines Krankenhausaufenthaltes der letzte Rückzugsraum für den Patienten, etwa 2 m². Dieser Schutzraum ist zu respektieren und zu schützen. Zudem hat es auch einen hygienischen Grund, sich nicht auf das Bett des Kranken zu setzen: Der Besucher schützt sich selbst vor schädlichen Keimen und er schützt den Patienten gegebenenfalls vor den Keimen, die er von außen mit ins Krankenzimmer gebracht hat.

Für den Patienten ist es entspannend, wenn er Sie sehen kann, ohne sich dabei verrenken zu müssen. Wenn es geht, sitzen oder stehen Sie so, dass Sie beide ohne Mühe miteinander im Blickkontakt sein können. Sie als Besucher/in sind beweglich und können sich nach dem Patienten richten.

Oft findet ein Gespräch nicht unter vier Augen statt, da noch andere Patienten oder Besucher im Zimmer sind. Hier ist dafür zu sorgen, dass das Gespräch mit dem Patienten geschützt wird.

Je nach Schwere der Krankheit ist es hilfreich, vorher das Stationspersonal zu fragen, ob ein Besuch möglich ist.

Wer aktiv zuhören will, stellt seine eigenen Themen und Befindlichkeiten für die Zeit des Besuches zurück.

# Weitere Informationen

Offiziell heißen die Grünen Damen und Herren „Evangelische Krankenhaus-Hilfe". Längst gibt es auch eine „Ökumenische Krankenhaus-Hilfe". Inzwischen sind auch die Altenheime mit in diesen Dienst integriert, so dass der Name ausgeweitet wurde auf „Evangelische und ökumenische Krankenhaus- und Altenheim-Hilfe".

Ihr Selbstverständnis heißt: *„Die Arbeit in der Evangelischen Krankenhaus-Hilfe ist soziales Engagement aus christlicher Überzeugung. Sie ist Hilfe von Mensch zu Mensch; sie unterstützt und ergänzt die ärztlichen, pflegerischen, therapeutischen und seelsorgerlichen Bemühungen um den ganzen Menschen. Sie ist in jedem Fall Laienhilfe."*[1]

Ihr Ziel ist, einsame und hilfsbedürftige Menschen in Kliniken und Altenheimen durch ihren Besuch zu trösten und ihnen zu helfen. Das erreichen die Grünen Damen und Herren durch Gespräche, indem sie Patienten bei den verschiedenen Vorgängen im Krankenhaus begleiten (Aufnahme, Untersuchung, Gottesdienst, Entlassung etc.).

Als Voraussetzungen werden genannt: „3–4 Stunden Zeit an einem Tag in der Woche, Einfühlungsvermögen, Kontaktfreudigkeit, Zuverlässigkeit, Belastbarkeit (psychisch und physisch), Verschwiegenheit."[2] Im Gegenzug erhalten die Ehrenamtlichen auch etwas: „fachkundige Einweisung, Fortbildung, regelmäßige Informationen durch die EKH-Geschäftsstelle in Bonn, Versicherungsschutz".[3]

Überzeugend und einladend ist der Werbeslogan:
*„Vielleicht brauchen Sie uns morgen. Wir brauchen Sie heute!"*[4]

## Adresse im Internet
▶ www.ekh-deutschland.de

## Zum Nachdenken
▶ Christus spricht: Ich bin krank gewesen und ihr habt mich besucht (Mt 25,36).
▶ Wenn ein Glied leidet, so leiden alle Glieder mit (1. Kor 12,26).
▶ Selig sind die Barmherzigen; denn sie werden Barmherzigkeit erlangen (Mt 5,7).

## Literatur
▶ Eric-Emmanuel Schmitt: Oskar und die Dame in Rosa.

---

1 Flyer der EKH Arbeitsgemeinschaft Evangelische Krankenhaus-Hilfe e.V.
2 A.a.O.
3 A.a.O.
4 A.a.O.

**Barbara Krüger-Creutz, ehrenamtliche Mitarbeiterin
in der Aachener Klinikhilfe, berichtet:**

*„Sie können doch nichts für mich tun!" So empfing mich gestern eine Patientin
im Uni-Klinikum. Ich bin eine der sogenannten „grünen Damen" der Aachener
Klinikhilfe. Und wie gerne würde ich ihr helfen, ihr den Aufenthalt erleichtern.
Und das sage ich ihr auch. Da hauchte sie mit leidvollem Blick: „Ich hab ja
solche Angst!" Ja, ich kann diese Angst verstehen, die Ungewissheit, was mit ihr
ist, die Sorge, was aus ihr werden wird. Mit keinem kann sie darüber reden.
Dabei tut es so gut, dies auszusprechen und wieder einmal aufzuatmen.*

*Seit 25 Jahren mache ich nun verbindlich diesen Dienst. Gut vorbereitet auf die
Situation am Krankenbett, mit Weiterbildung und Supervision und vertrautem
Kontakt in der Gruppe. Als ehrenamtliche Mitarbeiter/innen tragen wir grüne
Kittel. Und das gilt bundesweit, seit Brigitte Schröder, die Frau des damaligen
Außenministers, in den 1960er Jahren die Idee aus den USA mit nach Deutsch-
land brachte.*

*Immer wieder begegne ich Patienten, die sich seit der Einlieferung wie aus-
geliefert fühlen. Brauchen doch Kranke neben dem Vertrauen in die heutige
Apparatemedizin nicht nur Verständnis für ihr Leiden, sondern auch für diesen
Ausnahmezustand, der sie selbst und ihre Angehörigen befremdet.*

*Es scheint wenig zu sein, was wir als Klinikhilfe tun können. Und doch: Wir
können Patienten zur Selbsthilfe ermutigen, ihnen Wünsche erfüllen, die über
die Möglichkeiten des Pflegepersonals hinausgehen. Und: Wir haben Zeit für
Gespräche unter Schweigepflicht.*

*Allerdings muss Hilfe nicht immer hilfreich sein. Sie kann auch ausgenutzt
werden und zum ständigen Kranksein verführen. Deshalb ist es so wichtig, Mit-
arbeiter/innen zu gewinnen, die sich zutrauen, die Schwelle zum Krankenbett
zu überwinden, und fähig sind, die richtige Balance zu halten zwischen Nähe
und Distanz.*

*Ein Patient litt dermaßen unter seinem Zustand, dass er sich selbst verlor. Nie-
mand durfte ihn besuchen. Er fühlte sich entwürdigt, ausgesetzt, nackt! „Sie
hätten mich mal sehen sollen, was für ein Kerl ich früher war!", malte er ein
Bild von sich selbst. Nun war er gezwungen, sich neu zu sehen und anzuneh-
men, was ihm zum Leben blieb. Und es war eine ganze Menge, was er im
Gespräch als lebenswert für sich entdecken konnte.*

*Jeder, der einmal ernsthaft krank war, weiß, dass Patienten vertrauensvolle Beziehungen brauchen, um Krankheit auch als Chance zu sehen. Doch jeder, der Kranke schon einmal pflegte, weiß auch, dass sich die Kraft der Zuwendung erschöpfen kann. Was dann bleibt, ist die Flucht in den Selbstschutz der Routine, versteckt hinter Vertröstungen: „Es wird schon werden! Nur nicht den Mut verlieren!" Dabei gibt es so vieles, was Kranke bewegt und sie nicht zur Ruhe kommen lässt.*

*Eine Patientin wollte so gerne ihre eigene Beerdigung besprechen. Sie bedachte jede Einzelheit und verbat sich zu ihrer Beisetzung entschieden das Kommen von zwei Cousinen. Während ihr Mann vor der Tür haltlos weinte, fragte ich mich bekümmert, wie ihr letzter Wunsch wohl zu erfüllen sei. Da lachte sie plötzlich herzhaft auf und sank erschöpft in die Kissen zurück. „Vergessen Sie's! Sollen sie es machen, wie sie wollen! Es war nur so schön zu planen, wie ich es ein Leben lang so gerne tat!" Dieses Erlebnis hat mich befreit von der Angst im Umgang mit Sterbenden, weil es auch in ihnen noch so viel geben kann, das ansteckt zum Leben.*

*Es gibt im Krankenzimmer Radio, Fernsehen, ständigen Besuchereinlass. Damit soll Zeit vertrieben werden. Zeit und Ruhe, die Menschen brauchen, wenn sie sich ein- und umstellen müssen auf ein Leben mit einer Krankheit. Angehörige und auch Freunde haben es oft schwer, sich auf die Situation einzulassen. Sie bringen ja ihre eigenen Verlustängste und Zukunftssorgen mit ans Krankenbett.*

*Obgleich sich in unserer Gesellschaft fast alles ums Geld dreht, kann man Gesundheit und Nächstenliebe nicht kaufen. Deshalb sehen wir in unserer ehrenamtlichen Tätigkeit einen kleinen Ausgleich, der den Kranken und uns selber dient.*

*Neulich sagte ein Patient zu mir: „Wenn Sie einen Vogel singen hören, dann singt er nur für Sie!" Seitdem achte ich darauf und freue mich daran.*

Sabine Haag

# Besuchsdienst mit der Ambulanzseelsorge

## Voraussetzungen

Seit der Einführung der Gesundheitsreform haben Krankenhäuser und Kliniken das sogenannte ambulante Operieren entdeckt und als umfangreichen Wirtschafts- und Arbeitszweig ausgebaut. Auch am Aachener Universitätsklinikum unterziehen sich Patientinnen und Patienten immer häufiger Eingriffen in einem Kurzzeitaufenthalt: Sie werden in der Regel morgens operiert und noch am gleichen Tag nach Hause entlassen. So entstand eine neue Gruppe von Patienten – sogenannte Kurzzeitpatienten –, die mit der „klassischen" Krankenhausseelsorge (Besuch am Krankenbett bei mehrtägigem Aufenthalt) kaum mehr in Berührung kommen.

In Zusammenarbeit mit dem Universitätsklinikum Aachen hat der Evangelische Kirchenkreis Aachen eine Pfarrstelle (50 %) für die Seelsorge im Bereich des ambulanten Operierens errichtet und im Oktober 2001 besetzt.

Im Laufe der Zeit erwies es sich als sinnvoll, die seelsorgliche Arbeit nicht nur auf das Zentrum für ambulantes Operieren zu beschränken, sondern schon im Vorfeld anzusetzen, dort, wo die Patientinnen und Patienten zum ersten Mal mit dem Klinikum in Berührung kommen. In den Wartezonen der einzelnen Fachkliniken („Polikliniken", z.B. Hautklinik, Augenklinik, Kinderklinik) bietet sich der Klinikseelsorge die Möglichkeit, gleich zu Beginn auf die Patientinnen und Patienten zuzugehen und sie ein Stück weit zu begleiten. Werden sie zu einem späteren Zeitpunkt ambulant oder stationär operiert, ist ihnen die Klinikseelsorge durch persönliche Begegnung oder Visitenkarten und Informationsbroschüren bereits bekannt.

Die spezielle Herausforderung der Ambulanzseelsorge liegt darin, dass sie eine durch die Gegebenheiten strukturierte Gesprächssituation nicht vorfindet, da die Patienten sich nicht im vergleichsweise geschützten Raum des Krankenzimmers, sondern permanent auf Abruf in Warte-, Behandlungs- oder Beobachtungs-Zonen befinden. Erste Aufgabe der Seelsorge für Kurzzeitpatienten ist daher, die Rahmenbedingungen für eine seelsorgerliche Begegnung selbst zu schaffen. Das heißt, sie muss sich erkennbar machen, die Patientinnen und Patienten bei ihren Bedürfnissen „abholen" und eine Gesprächssituation herstellen.

## Arbeit vor Ort

Im St. Antoniushospital in Eschweiler bei Aachen bin ich auf eine Gruppe von Ehrenamtlichen gestoßen, die im Bereich der onkologischen Ambulanz den Patientinnen und Patienten sowie ihren Angehörigen Kaffee und Wasser anbieten – ein Angebot, das gerne angenommen wird, da die Patienten in den Wartebereichen ständig auf Abruf stehen und nicht die Möglichkeit haben, sich am Kiosk oder gar in der Cafeteria mit Getränken zu versorgen.

Für dieses „Eschweiler Modell" fanden sich auch im Klinikum rasch Verbündete. Pflegedienstleitung, Verwaltungsdirektor und das Dezernat Speiseversorgung waren bereit, einen Servicewagen zur Verfügung zu stellen, auf dem man Kaffee, Tassen, Gläser, Informationsbroschüren und anderes platzieren kann. Gemeinsam mit mittlerweile zehn Ehrenamtlichen bieten wir seit einem Jahr zunächst einmal, inzwischen zweimal wöchentlich in den Wartebereichen der Polikliniken sowie in den Wartebereichen der ambulanten Strahlentherapie und Notaufnahme „Kaffee und Seelsorge" an. Dieses Projekt stößt bei Patienten, Personal und Klinikleitung auf positive Resonanz. Vor allem aber erfüllt es seinen Zweck: Es bietet Gelegenheit für seelsorgerliche Gespräche, die bei Bedarf in einem Besprechungsraum der Klinikseelsorge fortgesetzt werden können.

Die Palette der Gesprächsthemen ist – nicht anders als am Krankenbett – weit gefächert. Sie reicht von der Krisenintervention nach erhaltener Diagnose bis hin zu Informationsfragen über Abläufe im Klinikum. In der Notaufnahme ist es häufig die Angst um einen eben eingelieferten Angehörigen. Hier ergeben sich Berührungspunkte zur Notfallseelsorge. In den Wartezonen der Polikliniken kommen häufig Unsicherheit und Ärger über den Großbetrieb Klinikum zur Sprache, dem sich der Einzelne leicht ausgeliefert fühlt. Viele Gesprächspartner nehmen die Begegnung zum Anlass, um persönliche Themen anzusprechen, die gar nicht unmittelbar mit ihrem Klinikaufenthalt zusammenhängen, z.B. Probleme in Familie und Beruf.

Ohne Ehrenamtliche wäre das Projekt „Kaffee und Seelsorge" nicht durchführbar. Die Aufgaben der Ehrenamtlichen gehen weit über das Kaffee-Ausschenken hinaus. Sie nehmen an einem Vormittag eine Vielzahl atmosphärischer Eindrücke auf, sie hören Rückmeldungen der Patienten und nehmen deren geäußerte Ängste auf (siehe auch die Berichte zweier ehrenamtlicher Mitarbeiterinnen).

Ihre Arbeit wird erleichtert durch ein Namensschild, das sie als „Ehrenamtliche Mitarbeiterinnen der Klinikseelsorge" auszeichnet. Inzwischen haben sie einen Klinikums-Ausweis erhalten, der ihnen im System Klinikum Vorteile verschafft – u.a. einen freien Parkplatz und den Zugang zur Kantine.

Die Ehrenamtlichen arbeiten selbstständig. Nach jedem Einsatz findet nach Möglichkeit eine kurze Feedbackrunde mit der hauptamtlichen Pfarrerin statt. Alle zwei Monate treffen wir uns einen Vormittag lang zum Erfahrungsaustausch und zur Planung. Zu diesen Treffen gehören auch fachlich relevante Informationen (Umgang mit depressiven Patienten oder Patienten der Psychiatrie; Verlauf und Schwierigkeiten einer „Kurzbegegnung" und Ähnliches). Ebenso wichtig ist mir auch die Pflege einer gemeinsamen geistlichen Basis dieser ehrenamtlichen Arbeit. Neben den Andachten zu Beginn der Planungstreffen und dem Austausch über ausgewählte theologische Themen („Sünde und Vergebung", Bibelarbeit zu „Maria und Martha", die Frage nach dem „Warum" des Leidens ...) dienen Oasentage und Einkehrwochenenden dieser Selbstvergewisserung aus dem Glauben an Gott.

Bei manchen Patientinnen/Patienten besteht bereits ein enger Kontakt zur Heimat-Kirchengemeinde. Manchmal wird dieser Kontakt von Seiten der Patienten thematisiert.

Immer wieder ergibt sich die Möglichkeit, Patientinnen und Patienten an Hilfsorganisationen, Beratungsstellen etc. in ihrem Heimatort zu verweisen, bzw. sie dorthin zu vermitteln.

Es ist nie von vornherein klar, welcher Konfession der Patient oder die Patientin angehört, mit der ich gerade ein Gespräch führe, ob sie überhaupt Kirchenmitglied ist. Darin ähnelt die Ambulanzseelsorge der Passantenseelsorge/Cityseelsorge: Sie wendet sich dem Gegenüber ohne Rücksicht auf bestehende Zugehörigkeiten oder Bindungen zu, arbeitet also im besten Sinne überkonfessionell und überkulturell und ist anders als ökumenisch gar nicht denkbar. Das katholische Team begleitet die Arbeit im Rahmen seiner personellen und finanziellen Möglichkeiten.

In einem Arbeitsfeld, das seitens der Patienten von hoher Fluktuation geprägt ist, stellt die Kooperation mit Ärzten, Ärztinnen und Pflegepersonal ein wichtiges Kontinuum dar. Die Möglichkeiten zur Zusammenarbeit sind von Ambulanz zu Ambulanz unterschiedlich. Auf allen Ambulanzen jedoch trifft das Projekt „Kaffee und Seelsorge" auf hohe Akzeptanz beim Personal.

Parallel zum Projekt „Kaffee und Seelsorge" hat das Team der Evangelischen Klinikseelsorge in Zusammenarbeit mit einer Werbeagentur neues Material für die Öffentlichkeitsarbeit (Informationsbroschüren, Visitenkarten, Plakate, zuletzt Kaffeetassen mit dem Logo der Klinikseelsorge) entwickelt, das sich mit seiner Prägnanz und Kürze auch an Ambulanzpatienten richtet.

Zwei ehrenamtliche Mitarbeiterinnen kommen hier anhand eines Fragebogens zu Wort.

▶ Wie bin ich dazugekommen?
Wie kam ich in Kontakt mit der Gruppe/mit dem Aufgabenfeld?
*Dazugekommen bin ich durch die Johanniter Hilfsgemeinschaft, bei der dieses Projekt vorgestellt wurde.*

▶ Was hat mich bewogen, mich zu engagieren und mitzumachen?
*Mich hat sofort die „Bescheidenheit" des Dienstes angelockt und auch das „Dienen".*

▶ Was genau ist meine Aufgabe?
*Wir bereiten Kaffee und Tee zu, richten der Getränkewagen und gehen damit durch die Wartebereiche (Polikliniken) des Aachener Klinikums.*

▶ Wie mache ich das?
*Ich nehme Blickkontakt zu jedem einzelnen Wartenden auf und biete ihm etwas zu trinken an. Dabei ergeben sich häufig kleine, harmlos erscheinende Gespräche. Bei dringendem Gesprächswunsch stelle ich den Kontakt zur Klinikseelsorge her.*

▶ Welche Eigenschaften helfen mir dabei?
*Es macht mir ganz große Freude, mich von Augenblick zu Augenblick auf einen neuen Menschen, mit seinem Schicksal, von dem man so blitzartig eine Ahnung bekommt, einzustellen, und vielleicht gelingt es mir ab und zu durch eine kleine Geste oder dergleichen, wohltuend auf das Gegenüber zu wirken. Das erfüllt mich dann mit großer Dankbarkeit, aber auch mit einem Glücksgefühl.*

▶ Was gewinne ich durch die Mitarbeit in diesem Dienst?
*Gelernt habe ich in diesem Dienst, die eigenen Befindlichkeiten (z.B. bei Entstellungen durch Krankheit der Patienten) zu vergessen und die Patienten unvoreingenommen und vor allem hoffnungsfroh anzuschauen.*

▶ Wie motiviere ich andere, sich ebenfalls zu engagieren?
*Ich erzähle in meinem Bekanntenkreis begeistert von diesem Dienst.*

(Gerlind Binding)

Eine andere ehrenamtliche Mitarbeiterin in der Ambulanzseelsorge erzählt ihre Geschichte so:

*Eine Pfarrerin des Universitätsklinikums hatte vor mehreren Jahren die Idee, den wartenden ambulanten Patienten kostenlos Getränke anzubieten. Sie fragte mich, ob ich dabei mithelfen würde und ich sagte spontan zu.*

*Seit Jahren mache ich im Rahmen ehrenamtlicher Gemeindearbeit Krankenbesuche im Klinikum bei Patienten der Gemeinde, zu der ich gehöre. So war mir der Ort, das Klinikum, schon recht vertraut.*

*Ich fand es großartig, dass die Pfarrerin etwas ins Leben rief und auf den Weg brachte, das diesem fabrikähnlichen Betrieb je länger je mehr eine menschliche Note gibt. Das unterstütze ich nach wie vor mit Begeisterung.*

*Die Dienste finden dienstags und donnerstags statt und man kann sich aussuchen, wann und wie oft man eingesetzt werden möchte. Es ist jeweils ein Vormittag, den wir zu zweit gestalten. Unser Team besteht aus zehn Frauen. Wir treffen uns in regelmäßigen Abständen zum Austausch mit unserer Pfarrerin und legen dabei auch die Dienste fest.*

*Bevor wir uns auf den Weg zu den wartenden Patienten begeben, kochen wir in einer Klinik-Teeküche Kaffee und Tee und bestücken unseren Servierwagen noch mit Milch und Wasser. Auf drei Etagen bieten wir diese Getränke den oft viele Stunden wartenden Patienten kostenlos an. Auch das Klinikpersonal bittet immer mal um unseren als köstlich bekannten Kaffee.*

*Ich habe sowohl beruflich als auch ehrenamtlich über viele Jahre Erfahrungen im Umgang mit Menschen im sozialen Bereich machen können, was mir bei dieser Tätigkeit zugutekommt.*

*Die Mitarbeit in diesem Dienst ist geprägt von großer Akzeptanz durch das Klinikpersonal. Die Patienten, die oft überrascht sind von unserem Angebot, begegnen uns mit großer Dankbarkeit. Da finde ich z.B. bei einer geleerten Tasse die Mitteilung: „Vielen Dank für den erfrischenden Trank." Oder: „Danke, damit tun Sie auch was für meine Seele." Und es gibt Spenden in unsere Spendendose. Hin und wieder steckt jemand etwas hinein ohne ein Getränk zu nehmen, mit der Bemerkung: „Großartig, dass Sie diesen Dienst tun, das unterstütze ich gern."*

*Es ergeben sich auch mal mehr oder weniger intensive Gespräche, für die wir uns natürlich Zeit nehmen.*

*Dieser schöne, auch ein wenig anstrengende Dienst ist ein großes Geschenk und macht unendlich dankbar und demütig. Wenn man so erfüllt von einer Aufgabe ist, fällt es leicht, anderen davon zu erzählen und einige Male war das bereits ansteckend und hat zum Mittun geführt.* (Barbara Tröndle)

Bettina Donath-Kreß

# Trauernde besuchen

## Begegnung mit Trauernden

Innerhalb der verschiedenen Felder der Besuchsdienstarbeit empfinden viele Ehrenamtliche den Besuch bei Trauernden als eine besondere Herausforderung. Spezielle Besuchsdienste für Trauernde gehören in den Kirchengemeinden noch eher zu den Ausnahmen und bedürfen einer intensiveren Schulung zur Trauerbegleitung. Aber auch in allen anderen Besuchsdiensten – ob bei Geburtstagen, im Krankenhaus, im Altenheim, bei Neuzugezogenen oder einfach in der Nachbarschaft – werden Sie Trauernden begegnen. Manchmal erfahren Sie im Vorfeld von der Trauersituation und können sich innerlich darauf einstellen, manchmal steht das Thema ganz unvermittelt im Raum. So oder so reagieren die meisten Menschen verunsichert. Wie soll ich einem Trauernden begegnen und was kann ich ihm Tröstliches sagen? Diesen Fragen widmet sich das folgende Kapitel dieses Buches.

## Das Tabu des Todes

Sterben und Tod gehören nach wie vor zu den großen Tabuthemen unserer Gesellschaft. Wir beschäftigen uns nicht gerne mit dem Tod und verdrängen ihn, so weit es geht, aus unserem Bewusstsein. Der Tod wird totgeschwiegen.

Jeder Trauernde bricht dieses Tabu, denn er konfrontiert seine Umgebung mit dem Unausweichlichen. Das verunsichert. Die Begegnung mit Trauernden berührt unsere eigenen Ängste im Blick auf Abschied und Tod. Gegebenenfalls bringt sie auch eigene schmerzliche Verlusterfahrungen wieder ins Bewusstsein.

Viele weichen darum einer solchen Begegnung lieber aus. Trauernde berichten oft, dass sie kurz nach der Beerdigung in ihrer unmittelbaren Umgebung auf eine Mauer des Schweigens treffen. Freunde, Bekannte, Nachbarn und Arbeitskollegen sehen weg oder tun so, als sei nichts geschehen. Wo der oder die Verstorbene totgeschwiegen wird, stirbt er/sie ein zweites Mal.

**Übung**: Gruppengespräch

▶ Tauschen Sie sich in der Gruppe darüber aus, wann und wo Sie das letzte Mal über das Thema „Tod" gesprochen haben. Was war der Anlass? Mit wem haben Sie darüber gesprochen? Welche Wirkung hatte das Gespräch auf Sie?

**Übung**: Familiengespräch

▶ Haben Sie in der Familie schon einmal angesprochen, wie Sie beerdigt werden möchten? Vielleicht probieren Sie es einmal bei einer ruhigen Gelegenheit aus. Sie werden sehr schnell in ein tieferes Gespräch über Leben und Tod eintauchen.

## Persönliche Voraussetzungen
### oder: Wie ich mich auf einen Besuch bei Trauernden vorbereiten kann

Es bedarf keiner Spezialausbildung, um Trauernden begegnen zu können. Denn Trauer ist keine Krankheit, sondern die natürliche Reaktion auf einen erfahrenen Verlust. Jeder Mensch macht im Laufe seines Lebens immer wieder die Erfahrung von Abschied und Verlust. Darum sind wir alle „Experten in Sachen Trauer" (Specht-Tomann, S. 218).

Die wichtigste Voraussetzung dafür, Trauernden offen und hilfreich begegnen zu können, ist deshalb die vorherige Auseinandersetzung mit der eigenen Trauergeschichte.

**Übung**: Selbstreflexion

▶ Für diese Übung ist es wichtig, dass alle Teilnehmenden ausreichend Raum, Zeit und Ruhe zur Verfügung haben. Die Fragen können im Vorfeld auf einem Arbeitsblatt in vier Spalten nebeneinander gedruckt werden.

   ▶ Welche Abschiede habe ich in meinem Leben erfahren?
   ▶ Was hat mir in dieser Situation geholfen?
   ▶ Was hat mir nicht gut getan?
   ▶ Was hätte ich mir gewünscht?

▶ Bitte nehmen Sie sich ausreichend Zeit, die Fragen schriftlich zu beantworten.

► Erzählen Sie danach einander in der Gruppe von Ihren Trauererfahrungen. Für die anschließende Diskussion ist es hilfreich, die Ergebnisse zu den Fragen 2–4 stichwortartig für alle sichtbar festzuhalten.
► Tauschen Sie in einer weiteren Gesprächsrunde ihre Beobachtungen miteinander aus.

Die Übung verfolgt eine doppelte Zielrichtung: Die Arbeit an der eigenen Trauergeschichte führt zunächst zur persönlichen Standortbestimmung. Es ist in der Begegnung mit Trauernden wichtig, einen eigenen, festen Stand zu haben, um sich nicht im Strudel der Gefühle des anderen mitreißen zu lassen und mit unterzugehen. Nur wer selbst einen festen Stand hat, kann anderen Halt geben.

Der Vergleich mit den persönlichen Erfahrungen und Erwartungen der anderen Gruppenmitglieder macht dann deutlich, dass Trauer etwas ganz Individuelles ist. Was dem einen hilft, tut dem anderen überhaupt nicht gut. Jeder Mensch trauert anders! Deshalb braucht auch jeder etwas anderes. Diese Erkenntnis bietet die entscheidende Grundlage für jegliche Form der Trauerbegleitung. Wer Trauernden offen begegnen will, muss sich seiner eigenen Grundlagen gewiss sein, ohne aber der Gefahr zu erliegen, die eigenen Trauererfahrungen auf den anderen übertragen zu wollen. Jeder Mensch geht seinen eigenen Weg, auch in der Trauer. Diesen Weg kann ich nur ein kleines Stück begleiten. Dazu muss ich mich ganz auf den anderen einlassen können.

## Eröffnung eines Besuches

Als Mitglied eines Besuchsdienstkreises müssen Sie eigentlich jederzeit darauf gefasst sein, beim Besuch einem Trauernden zu begegnen. Manchmal erfahren Sie im Vorfeld von der Trauersituation und können sich darauf einstellen. Manchmal steht das Thema aber auch völlig unerwartet im Raum und Sie müssen darauf reagieren. Schon die ersten Sätze eines Gespräches bestimmen seine weitere Richtung. Probieren Sie das in der folgenden Übung aus.

✿
**Übung**: Rollenspiel
► Frau B. hat Geburtstag. Sie wird 70 Jahre alt. Sie sind Mitglied eines Besuchsdienstkreises und haben die Aufgabe übernommen, Frau B. im Namen der Gemeinde zu gratulieren und ihr einen kleinen Blumengruß zu überbringen. Auf Ihr Klingeln hin öffnet Ihnen eine ganz in schwarz gekleidete Frau, deren Augen gerötet sind. Was tun Sie?

▶ Spielen Sie die Situation in der Gruppe ein- oder mehrfach durch. Dabei übernimmt eine die Rolle des Besuchers, eine andere die von Frau B. Die übrigen Gruppenmitglieder beobachten den Gesprächsverlauf. Tauschen Sie Ihre Beobachtungen in einer anschließenden Gesprächsrunde miteinander aus.

▶ Mit Ihren ersten Sätzen haben Sie die Wahl, der Begegnung mit Frau B. die Richtung eines Geburtstagsbesuches oder eines Trauergespräches zu geben. Sie können über die äußeren Signale (schwarze Kleidung, gerötete Augen) hinweggehen und Frau B. wie geplant Ihre Glückwünsche zum Geburtstag übermitteln. Sie können darauf warten, dass Frau B. von sich aus anfängt, vom Tod ihres Ehemannes zu erzählen. Vermutlich wird sie es nicht tun, weil sie den Grund Ihres Besuches anders wahrnimmt. Sie haben ihr mit Ihren Glückwünschen ja deutlich gemacht, dass Sie zum Geburtstag gekommen sind und nicht zum Trauerfall. Der Besuch wird dann vermutlich ähnlich wie gewöhnliche Geburtstagsbesuche verlaufen, und Sie haben das schwierige Thema Tod und Trauer elegant umschifft. Vielleicht gehen Sie anschließend mit dem Gefühl nach Hause, der traurigen Frau heute doch wenigstens eine kleine Freude gemacht und ihre Einsamkeit für einen Augenblick unterbrochen zu haben. Und das ist sicher auch so.

▶ Ganz anders aber verliefe der Besuch, wenn es Ihnen gelänge, spontan vom Geburtstagsbesuch umzuschalten und sich auf die aktuelle Situation von Frau B. einzulassen. Hilfreich könnte es dabei sein, nach der Begrüßung und Gratulation Ihre äußere Wahrnehmung konkret anzusprechen. „Ich sehe, dass Sie in schwarz gekleidet sind." Damit öffnen Sie Frau B. den Raum, von ihrer Trauer zu erzählen, sofern sie das möchte. Sie muss nicht das fröhliche Geburtstagskind spielen, sondern darf zum Ausdruck bringen, was sie bedrückt. Vielleicht wird sie Ihnen erzählen, dass ihr Mann vor Kurzem verstorben ist und sie ihn an diesem Tag besonders schmerzlich vermisst. Vielleicht teilt sie mit Ihnen die Erinnerung an den letzten Geburtstag, als ihr Mann noch mit ihr gefeiert hat. Sie brauchen als Besucherin eigentlich nicht mehr zu tun, als aktiv zuzuhören und ein Stück weit die Trauer mit auszuhalten, die Frau B. empfindet, weil sie nun den ersten Geburtstag ohne ihren Mann erlebt. Am Ende könnten Sie mit Hilfe des Blumenstraußes noch einmal eine Brücke zwischen Geburtstag und Trauer schlagen: „Eigentlich hatte ich Ihnen die Blumen als Geburtstagsgruß mitgebracht. Aber jetzt denke ich, dass sie Ihnen vielleicht einen kleinen Trost in Ihre Traurigkeit bringen."

▶ Je nach Gesprächsverlauf wäre es am Ende gut, einen weiteren Besuch anzubieten und/oder Frau B. in die Gemeinde einzuladen.

# Auf dem Weg nach Emmaus –
## Von Jesus lernen, Trauernde zu begleiten

Wie kann Trauerbegleitung nun konkret aussehen? Was können Sie als Besuchsdienst tun, um Trauernden hilfreich zu begegnen? Um das zu lernen, wollen wir bei Jesus in die Schule gehen.

✗

**Übung:** Bibelarbeit zu Lukas 24,13–33a
▶ Die Geschichte der Emmausjünger wird Ihnen als Ostererzählung vertraut sein. Doch eigentlich erzählt Lukas 24,13 ff. weniger eine Ostergeschichte als die Geschichte eines Trauerweges. Bevor es für die Jünger Ostern werden kann, liegt der Weg der Trauer vor ihnen.

▶ Lesen Sie in der Gruppe den biblischen Text unter dem Gesichtspunkt des Trauerweges.
▶ Tragen Sie anschließend in der Gruppe zusammen, was Ihnen im Blick auf die beiden Jünger auffällt. Welche Reaktionen der Trauer erkennen Sie bei den Emmausjüngern? Kennen Sie Ähnliches von sich selbst?
▶ Wenden Sie sich in einem dritten Schritt der Person Jesu zu. Was tut er und was tut er nicht? Was erfahren die Trauernden in der Begegnung mit Jesus als hilfreich? Was können wir von Jesus für unseren Umgang mit Trauernden lernen?

## Trauer-Reaktionen der Jünger

Der Tod Jesu ist und bleibt für die Jünger unfassbar. Sie verlassen Jerusalem, den Ort, der sie an all die traurigen Ereignisse erinnert (Vers 13). Unterwegs reden sie viel miteinander und tauschen sich darüber aus, wie sie die letzten Tage erlebt haben (Vers 14). Es tut gut, die Sterbegeschichte miteinander teilen zu können. Die beiden sind so tief in ihre Trauer versunken, dass sie nicht wahrnehmen, was um sie herum geschieht (Vers 15–16). Als Jesus sie anspricht, beginnen sie, dem Fremden ihr Herz auszuschütten. Sie erzählen von Jesu Leben und Tod, von dem, was sie mit dem Verstorbenen erlebt haben, von ihren Zukunftsplänen, ihren Hoffnungen und ihren Glaubenszweifeln, in die sein Tod sie gestürzt hat (Vers 17–24). Als der Fremde zu reden beginnt, hören sie ihm zu, aber aufnahmefähig sind sie für seine theologischen Ausführungen nicht (Vers 25–27). Dennoch bitten sie den Fremden zu bleiben, als sie in Emmaus ankommen (Vers 28–29). Sie finden die Kraft, wieder etwas zu sich zu nehmen und essen gemeinsam (Vers 30). In der Tischgemeinschaft erkennen sie den Auferstandenen. Emmaus wird zu ihrem persönlichen Ostererlebnis (Vers 31). Im Rückblick beginnen sie, Erlebtes zu verstehen und zu deuten (Vers 32). Sie brechen auf. Ein neuer Lebensweg liegt vor ihnen (Vers 33).

## Jeder trauert anders

Der Trauerweg der Emmausjünger ist ihr ganz persönlicher Weg und doch können sich viele Trauernde an der einen oder anderen Stelle dieser Geschichte wiederfinden: Viele sehnen sich danach, nicht allein zu sein. Es tut gut, Erinnerungen an den Verstorbenen mit anderen austauschen zu können und jemanden zu haben, der zuhört. Es wird als heilsam erlebt, von dem Verstorbenen erzählen zu dürfen – immer und immer wieder. Erzählen ist so etwas wie eine Brücke in die Vergangenheit. Mit Worten kann man noch einmal in die Zeit vor dem Abschied zurück, und so für einen kleinen Augenblick aus dem Trauerprozess aussteigen. Das ist heilsam, jedoch nicht für alle. Auch hier gilt: Jeder trauert anders. Manch einer mag nicht reden und braucht eher die Stille. Das heißt aber nicht zwangsläufig, dass die Trauernden lieber allein sein wollen. Manch einem tut einfach die Gegenwart eines anderen Menschen gut, der das Schweigen mit aushält und die Last der Trauer auch ohne Worte mitträgt. Auch die Emmausjünger waren für Worte nicht zugänglich. Sie haben Jesus nicht an der Auslegung der Schrift erkannt, sondern in der Gemeinschaft des Brotbrechens. Aber unterwegs haben sie seine Nähe als wohltuend erfahren und ihn deshalb zum Bleiben eingeladen.

Irgendwann können Trauernde ihren Weg allein fortsetzen. Wie lange ein Trauerweg dauert, dafür gibt es keine Regel. Das traditionelle „Trauerjahr" ist eine eher willkürliche Festlegung. Es ist gewiss ein wichtiger Schritt getan, wenn alle Feste des Jahres (Weihnachten, Ostern …) sowie alle persönlichen Gedenktage (Geburtstag, Hochzeitstag, Todestag …) einmal durchlebt wurden, aber am Ende des Trauerweges muss man damit noch nicht sein. Gerade diese besonderen Tage sind für Trauernde immer wieder besonders schwer – auch noch nach Jahren.

Trauer ist ein ganz individueller Weg, deshalb kann es kein zu lang oder zu kurz, kein richtig oder falsch geben. Jeder Mensch steht vor der Aufgabe, seinen eigenen Weg zu finden. Dabei kann eine gute Begleitung, wie Jesus sie den Jüngern auf dem Weg von Jerusalem nach Emmaus anbietet, sehr hilfreich sein.

## Trauerbegleitung Jesu

Jesus nähert sich den beiden Jüngern auf ihrem Trauerweg behutsam (Vers 16). Er geht ein Stück mit, ohne sich aufzudrängen. Er hört aufmerksam zu und unterbricht die beiden nicht. Er nimmt sich selbst zunächst ganz zurück, so dass die beiden Jünger ihn nicht einmal bemerken. Er begleitet sie und lässt sich ganz auf ihren Weg ein.

Erst nach einer ganzen Weile spricht er die Jünger behutsam an und lädt sie mit seiner offenen Frage „Was ist geschehen?" zum Erzählen ein (Vers 17–19). Danach hört er wieder nur zu. Die beiden Trauernden können sich aussprechen. Er unterbricht ihre Erzählungen nicht und verbessert sie auch nicht.

Erst als sie sich alles von der Seele geredet haben, beginnt er ihnen das Geschehene aus der Schrift zu deuten (Vers 25–27).

In Emmaus angekommen, gibt Jesus der Bitte der Jünger nach, bei ihnen zu bleiben (Vers 29). Er verlässt sie nicht, sondern harrt geduldig an ihrer Seite aus, solange sie ihn als Begleiter brauchen. In der Tischgemeinschaft stärkt er sie und gibt sich ihnen zu erkennen (Vers 30). Danach lässt er sie ihren Weg allein fortsetzen, weil er spürt, dass sie ihn jetzt nicht mehr brauchen (Vers 31). Er kann sie loslassen.

## Was wir von Jesus lernen können

Niemand kann den Tod eines Menschen ungeschehen machen oder das Leid wegnehmen. Trost erfahren Trauernde vielmehr darin, wenn Menschen ihren Schmerz ernst nehmen und ihn ein Stück weit mit aushalten. Trauer ist ein Weg, den jeder Mensch selbst gehen muss, aber er muss ihn nicht allein gehen. Zu einer guten Begleitung bedarf es nicht viel mehr, als sich den Trauernden behutsam zu nähern ohne sich aufzudrängen, ein Stück weit mitzugehen, zuzuhören, zum Erzählen einzuladen, geduldig auszuhalten und zu bleiben, solange der andere mich braucht.

Nur an einer Stelle hat das Beispiel Jesu seine Grenze: Uns steht es nicht zu, Geschehenes zu deuten. Trauernde fragen immer wieder nach dem „Warum?". „Warum musste mein Mann/meine Frau, mein Kind … sterben?" Wir sollten uns davor hüten, eine Antwort auf diese Frage zu geben. Sie würde schnell als billiger Trost entlarvt. Viel ehrlicher ist es, diese quälende Frage gemeinsam mit den Trauernden auszuhalten und sich mit ihnen zusammen auf den Weg zu machen, Sinn und Trost zu finden.

# Grenzen ehrenamtlicher Trauerbegleitung

Trauer, so haben wir eingangs gesagt, ist grundsätzlich keine Krankheit, sondern die natürliche Reaktion auf einen erfahrenen Verlust. Dennoch gibt es in ca. 10–15 % der Fälle auch Trauer, die einer professionellen Hilfe bedarf. Man spricht hier von einer „Risikotrauer", die in folgenden Situationen vorliegt (vgl. Specht-Tomann, S. 227):

▶ plötzlicher Tod
▶ gewaltsamer Tod
▶ Suizid
▶ Mehrfachverluste
▶ seelische oder körperliche Erkrankung
▶ schwere soziale Belastungen
▶ Fehlen eines sozialen Netzes
▶ unaufgearbeitete Trauer früherer Verluste

In Fällen von Risikotrauer stößt das ehrenamtliche Engagement an seine Grenzen. Hier ist professionelle Trauerbegleitung nötig. Möglicherweise können Sie als Besuchsdienst an dieser Stelle vermittelnd tätig werden, den Pfarrer/die Pfarrerin als Seelsorger/in mit einbeziehen und Kontakte zu anderen Einrichtungen herstellen.

# Wo finde ich weitere Hilfe?

Das Angebot an professioneller Trauerbegleitung ist in den letzten Jahren innerhalb und außerhalb unserer Gemeinden gewachsen.

**Übung:**
▶ Wenden Sie sich an Ihren Gemeindepfarrer/Ihre Gemeindepfarrerin, und befragen Sie ihn/sie, welche Angebote an Trauerbegleitung es in Ihrer Region gibt.
▶ Oder recherchieren Sie selbst im Internet unter dem Stichwort „Trauerbegleitung" in Ihrer Region.
▶ Stellen Sie eine Liste der unterschiedlichen Angebote zusammen und verteilen Sie sie an alle Besuchsdienstmitarbeitenden.

Einige Kirchengemeinden und Hospizdienste bieten Einzelbegleitungen und spezielle Trauergruppen an („Verwaiste Eltern", junge Witwen und Witwer, Suizidangehörige, Kinder und Jugendliche …). Möglicherweise gibt es in Ihrem näheren Umfeld auch ein Trauercafé, das Trauernde zu Begegnung, Austausch und Gespräch mit anderen Betroffenen einlädt und gegenüber Trauergruppen ein niederschwelligeres Angebot bietet.

## Mut zur Begegnung

Auch da, wo eine professionelle Trauerbegleitung nötig ist, sind wir als Gemeinde nicht aus der Verantwortung entlassen. Trauernde brauchen zusätzlich Menschen, die einfach für sie da sind, die ihnen nicht ausweichen, sondern zuhören, aushalten und mittragen. Manchmal sind es ganz kleine Gesten, die bereits „Wunder wirken" können – beispielsweise ein Telefonanruf, eine Einladung zum Ausflug, Konzert oder Gottesdienst; eine Karte mit guten Worten zum Todestag, auch ganz praktische Hilfe beim Einkauf oder der Kinderversorgung und nicht zuletzt ein Besuch. Was früher im Rahmen der Nachbarschaftshilfe selbstverständlich war, müssen wir heute mitunter neu lernen. Dennoch sollten wir Mut haben, Trauernden zu begegnen, denn das, was viele Trauernde in ihrer Situation als besonders schwierig erleben, ist es, allein zu sein.

## Literatur

► Monika Specht-Tomann, Doris Tropper: Zeit zu trauern. Düsseldorf 2001.
► Zeit des Abschieds – Menschen in Trauer und Abschied begleiten, in: Besuchen und finden. Information für Mitarbeitende im Besuchsdienst, hg. von der Evangelischen Kirche im Rheinland, Februar 2006.

Ulrich Haag

# Besuche unter erschwerten Bedingungen
## Christliche Kontaktgruppen im Gefängnis

„24 Stunden am Tag dreht sich im Knast alles um den Knast. Um den phantasielosen Speiseplan. Um die trägen Beamten, die viel mehr für uns tun könnten. Um die Anklageschrift, den Tatvorwurf, den Anwalt, den Richter. Um Streit zwischen Häftlingen. Um Drogen, wer sie braucht, wer sie beschafft und von wem man sich besser fernhält. Wer einen Fernseher hat und wer keinen. Wer den Flur putzt, wer wann rauskommt, wer niemals wieder rauskommt. Wer noch tiefer unten ist, als man selbst. Knast pur – 24 Stunden, sieben Tage die Woche, 52 Wochen im Jahr.

Aber zwei Stunden pro Woche ist alles anders. Da kommen die Ehrenamtlichen aus der benachbarten Kirchengemeinde zu Besuch. Am Anfang habe ich gedacht: fromme Spinner. Längst spüre ich, wie gut es mir tut, mit Menschen von draußen zu reden. Klar sind sie fromm. Aber sie haben Zeit für Gespräche, in denen es nicht nur um Glauben und Bibel geht. Oder anders gesagt: Unsere Gespräche über Glauben und Bibel kommen automatisch im normalen Leben an. Wir reden über Themen von draußen: Arbeit. Familie. Kirche. Bahnfahren. Bundestagswahl. Beinahe noch wichtiger: Die von draußen hören zu. Auf dem Haftflur hört keiner hin, wenn du davon erzählst, dass dein Anwalt dich versetzt, deine Frau nicht mehr zu Besuch kommt, dein Antrag auf vorzeitige Entlassung abgelehnt ist. Ist ja auch uninteressant, alle haben die gleichen Probleme. Die von draußen haben Interesse an unseren Geschichten, das spürst du richtig. Und wenn du dein Problem jemandem erzählst, den es wirklich interessiert, merkst du, wie sich in dir plötzlich eine Lösung auftut, an die du vorher nicht gedacht hast.

Sieben mal 24 Stunden Knast pur. Zwei Stunden die Woche ist alles anders. Von diesen zwei Stunden lebe ich, auf diese zwei Stunden lebe ich hin ... “

Immer wieder äußern sich Häftlinge in einer Justizvollzugsanstalt so oder ähnlich. Und immer wieder erstaunt es mich, wie einfach die Dinge sind, die es braucht, um bei einem Gegenüber, das sich in einer Ausnahmesituation befindet, große Entlastung, Bereicherung und Befreiung zu bewirken. Es genügt, da zu sein. Es genügt, hinzuhören. Es genügt, unverstellt zu fragen und aufrichtig etwas von mir selbst preiszugeben. Einfach vielleicht – und doch unter den speziellen Bedingungen einer Justizvollzugsanstalt nicht zu unterschätzen.

Diejenigen, die sich für einen ehrenamtlichen Besuchsdienst in einer Justizvollzugsanstalt entscheiden, müssen vor allem *eines* mitbringen: Verlässlichkeit. Nichts ist für einen Häftling so schlimm wie ein Besuch, ein Gespräch, eine Gruppe, die kurzfristig ausfällt. Es ist tatsächlich so: Auf diesen Termin lebt ein Häftling hin.

Eine *zweite*, für den Besuchsdienst im Gefängnis unerlässliche Eigenschaft: Geduld. Die Justizvollzugsanstalt ist eine Institution, die Ehrenamtlichen zwiespältig gegenübertritt. Engagement von draußen ist offiziell höchst willkommen. „Kundenfreundlich" ist man deshalb noch lange nicht. Jeder, der sich ehrenamtlich einbringen will, durchläuft eine ausführliche Sicherheitsüberprüfung, ohne die eine Zulassung und damit der Zutritt zur Justizvollzugsanstalt nicht zu haben ist. Das Prüfverfahren nimmt in der Regel einige Wochen in Anspruch.

Doch auch diejenigen, die die Zulassung erhalten haben, unterliegen bei ihren Besuchen in der Anstalt strengen Regeln. Es ist beispielsweise untersagt, ungeprüft Gegenstände in die Anstalt einzubringen, sprich: den Häftlingen etwas mitzubringen. Kuchen, um das Zusammensein ein wenig zu versüßen? Verboten! Eine Flasche Sekt, um auf einen Geburtstag anzustoßen? Gott bewahre! In allen Anstalten herrscht absolutes Alkoholverbot! Je nach Sicherheitsstufe ist es in manchen Anstalten sogar verboten, die eigenen Bibeln mitzubringen! (Für alle Fälle hält die Seelsorge immer welche bereit ) Doch Geduld! Für alles lässt sich eine Lösung finden. Und einer Besuchergruppe, die sich über Jahre durch Respekt vor den Regeln des Vollzugs „bewährt" hat, wird in besonderen Fällen – etwa zur gemeinsamen Weihnachtsfeier – die Ausnahme von der Regel gerne gestattet.

Wichtig ist *drittens*: der Verzicht darauf, Gutes zu tun. Das Gefängnis ist ein Ort des Mangels. Des Mangels an Raum und Freiheit, natürlich. Des Mangels an Tabak, wie man als Besucher unverzüglich feststellen wird. Vor allem aber des Mangels an Genuss, Glück und Gerechtigkeit. Es gibt so viel Gutes, was man den Häftlingen tun könnte: einen Gruß ausrichten, eine Adresse besorgen, eine Nachricht übermitteln, Nadel und Faden mitbringen, Hefe zum Backen. Es fällt schwer, auf all das zu verzichten, denn Gutes zu tun steigert nicht nur die Zufriedenheit des Empfängers, sondern auch das Lebensgefühl dessen, der es tut – und hier wäre es so einfach! Doch läuft man damit Gefahr, einen unter Gefangenen weit verbreiteten Wettbewerb zu unterstützen: Wem gelingt es, sich gegenüber den Mithäftlingen einen materiellen Vorteil zu verschaffen? Zahlreiche Gefangene sind von klein auf daran gewöhnt, ihre Mitmenschen dahin zu bringen, ihnen zu geben, wovon sie glauben, dass sie es brauchen. Nicht wenige haben von Kind an die Liebe und Zuneigung der Eltern vermisst. Waren die Eltern in der Lage, diesen Mangel durch ständige materielle Zuwendung auszugleichen, haben sie ihre Kinder teils maßlos verwöhnt. Ob Wohlstandsverwahrlosung oder Verwahrlosung in Armut, beide sind Ursache für das gleiche Suchtverhalten, nämlich die Gewöhnung daran, den seelischen Schmerz über das Verlassensein durch materiellen Konsum zu betäuben. Wenn man in einer Justizvollzugsanstalt überhaupt von Erziehung sprechen kann, dann wohl in dem Sinne, dass sie einem solchen lange eingeübten Suchtverhalten Widerstand entgegensetzt – durch konsequenten Entzug und die Gleichbehandlung aller.

Dieses unerlässliche Korrektiv sollte eine Kontaktgruppe nicht durch wohlmeinende materielle Unterstützungen durchbrechen. Sie sollte die unter den Gefangenen häufig anzutreffende Suchtstruktur nicht bedienen, sondern versuchen, den tatsächlichen seelischen Mangel, der dahintersteht, zu entschlüsseln und durch Zuwendung, Aufmerksamkeit und Zuverlässigkeit etwas von der Sehnsucht nach menschlicher Nähe zu stillen.

Kurz gesagt geht es nicht um eine Verbesserung der materiellen Situation der Gefangenen, auch nicht um die Steigerung des Lebensgefühls auf beiden Seiten, sondern darum, das Leiden am Vollzug, am Vollzug einer Strafe, gemeinsam auszuhalten, auszusprechen, vor Gott zu bringen und mit den biblischen Geschichten in Zusammenhang zu bringen.

*„Seit 15 Jahren gehöre ich zur Bibelgruppe der benachbarten JVA. Alle zwei Wochen treffen wir uns dort donnerstags mit einer Gruppe von Häftlingen. Ich weiß noch, als ich angefangen habe, ich war knapp über dreißig, gerade zum ersten Mal Vater geworden. Gut, dass ein paar alte Hasen dabei waren. Sonst hätten mich die Häftlinge das ein oder andere Mal über den Tisch gezogen.*

*Im Moment sind wir fünf Ehrenamtliche, immer zwei von uns gehen hin, jeder also einmal im Monat. Das ist eine Belastung, die ich schultern kann, obwohl mich mein Ingenieurbüro im Moment ziemlich fordert. Mir tun die zwei Stunden Gruppe einfach gut.*

*Ich denke manchmal, wie klein sind doch die Probleme, die ich draußen habe, im Vergleich. Und wie viel Kraft Gott einem Menschen geben kann, Schuld auszuhalten, unter der ich womöglich zusammenbrechen würde. Ich bewundere die Jungs, wie sie zurechtkommen, mit dem Knastalltag, mit sich selbst. Es tut mir gut, gemeinsam auch unter den unmöglichsten Umständen noch etwas zu suchen und zu finden, wofür wir Gott dankbar sein können. Im 25. Kapitel des Matthäusevangeliums erinnert uns Jesus: ‚Ich bin gefangen gewesen, ihr habt mich besucht. Was ihr einem meiner geringsten Brüder tut, das tut ihr mir.' Es stimmt! Ich erlebe, wie sich das von Mal zu Mal bewahrheitet: Dass wir Jesus selbst begegnen, wenn wir uns im Gefängnis zur Bibelgruppe treffen ... "*

Es muss nicht immer eine Bibelgruppe sein. In manchen Kirchengemeinden haben sich beispielsweise Spielgruppen gefunden. Oder einfach nur Gesprächsgruppen, die regelmäßig auf eine Gruppe Gefangener in einer nahen, durchaus aber auch entfernter liegenden Anstalt treffen. Die Betreuung der Gefangenen in einer JVA kann grundsätzlich auch in Einzelgesprächen geschehen.

Für christliche Kontaktgruppen ist der Gefängnisseelsorger, die Gefängnisseelsorgerin der jeweiligen Anstalt die Brücke zwischen drinnen und draußen. Für jede Justizvollzugsanstalt in der Bundesrepublik ist ein Geistlicher, eine Geistliche zuständig. Auf Anfrage besuchen sie die Kirchengemeinden ihrer Region und stehen etwaigen Interessenten für Informationen zur Verfügung. Auch bei organisatorischen Fragen, bei der Zulassung, bei der Einweisung in die Anstalt, beim Bereitstellen der Räume usw. sind sie behilflich. Sie treffen in der Regel zunächst auch die Auswahl der Häftlinge. Sie begleiten die ehrenamtlichen Besucherinnen und Besucher beim Kontakt mit besonders schwierigen Häftlingen.

## Weitere Informationen

Sie finden sie auf der Internetseite der Gefängnisseelsorge der EKD www.gefaengnisseelsorge.de.
Unter dem Link „Regionalkonferenzen" finden Sie eine Liste der Gefängnispfarrerinnen und -Pfarrer in Ihrer Nähe.
Unter dem Link „Neue Leitlinien" finden Sie ein Büchlein in Dateiformat, das eine kurz gefasste, aktuelle Einführung in den Strafvollzug und die Gefängnisseelsorge bietet.
Unter dem Link „Partner" finden Sie die Adresse der katholischen Gefängnisseelsorge sowie die weiterer Organisationen, die Ehrenamtliche für einen Dienst an Gefangenen vermitteln.

Sabine Nolden und Dorothee Peglau

# Besuchsdienst bei Menschen mit Demenz

Wer Menschen besucht, die an Demenz leiden, braucht einige Hintergrund-informationen. Die krankheitsbedingte Schädigung des Gehirns äußert sich in verschiedenen Störungen, die unterschiedlich stark und in unterschiedlichen Kombinationen auftreten. Die Störungen schwanken manchmal je nach Tages-form. So kann ein demenzkranker Mensch desorientiert sein in Bezug auf die Zeit, den Ort, die Menschen, die Situation. Er vergisst, was gerade geschehen ist, wer ihn besucht hat, worüber gesprochen wurde. Komplexe Gedankengänge vermag er nicht mehr zu denken, zu formulieren und auszusprechen. Manch-mal sucht er verzweifelt nach den passenden Worten und findet sie nicht. So nehmen die Möglichkeiten ab, sich sprachlich auszudrücken, und es kommt zu häufigen Wiederholungen oder zum Schweigen.

Die früher einmal gelernten Fähigkeiten und Handlungen gehen verloren. Der Demenzkranke interessiert sich nicht mehr so stark für Menschen, für sei-ne Arbeit und seine Freizeitaktivitäten wie früher. Nahe Angehörige können oft beobachten, wie sich die Persönlichkeit des Kranken verändert. Plötzliche Stimmungsschwankungen im Spektrum von aggressiv, reizbar bis ängstlich, de-pressiv können mit zum Krankheitsverlauf gehören. Bei etwa 90 % der Men-schen, die an Demenz leiden, verläuft die Krankheit chronisch, fortschreitend, irreversibel, ohne Besserung oder Heilung.

Oft ist das Langzeitgedächtnis noch relativ gut erhalten. Erinnerungen an die damalige Zeitgeschichte, an die Familie mit Geschwistern und Eltern, an die Schule, an den Heimatort, die Landschaft, an Redewendungen von früher oder den Dialekt aus der Kindheit, an die Kirche des Heimatortes und den Pfarrer, an Lehrjahre und Ausbildung, an damalige Lieblingsmusik sind noch vorhan-den, meist jedoch fragmentarisch. Hieraus ergeben sich Möglichkeiten, mit Demenzkranken in Kontakt zu kommen. Die Personen, Inhalte und Vorlieben der Vergangenheit können eine Brücke schlagen zur gegenwärtigen Begegnung. Dabei helfen können z.B. Fotos oder Gegenstände von früher, falls welche vor-handen sind.

Mit einfachen Fragen kann ein Erzählen angeregt werden: Wie war das damals …? Eine freundliche Atmosphäre und Ausstrahlung unterstützen die

Begegnung. Manche Demenzkranke mögen es, wenn man ihre Hand berührt oder hält. Dabei ist es wichtig, wahrzunehmen, ob der andere dem zustimmt oder nicht. Manchmal sind demente Menschen lustig und sie lieben es, wenn man mit ihnen lacht.

Ein hilfreicher Zugang ist die Musik, sei es als Hören oder als Mitsingen. Die gängigsten Kirchenlieder und Volkslieder sind vielen alten Menschen noch von früher bekannt und verfügbar, weil die Liedstrophen und Melodien im Langzeitgedächtnis abgespeichert sind. Ebenso sind sie mit Psalmen und Gebeten vertraut. Psalm 23 (Der Herr ist mein Hirte) und das Vater-Unser sprechen viele mit. Im Gottesdienst erinnert sie die Liturgie mit ihren wiederkehrenden Stücken an vormals Gekanntes und Gelerntes. Das Glaubensbekenntnis, das „Ehre sei dem Vater und dem Sohn und dem Heiligen Geist" und die Abendmahlsliturgie seien hier nur stellvertretend genannt.

Darum ist es gut, Demenzkranke am Gottesdienst oder einem Seniorenkreis teilnehmen zu lassen (sofern es möglich ist), da es ihnen Gemeinschaft gibt, ihre Erinnerungen anregt und Wohlgefühl vermitteln kann.

Eine wichtige Neuerung sind die verschiedenen Begegnungsstätten, in denen speziell für Demenzkranke Kontakte, Gemeinschaft, Spiel, Singen und Anregung angeboten werden. Hier werden Ehrenamtliche sozusagen in einem „umgekehrten Besuchsdienst" tätig: Nicht sie gehen in die Häuser, Wohnungen und Einrichtungen und besuchen dort die Menschen, sondern die Demenzkranken kommen für einige Zeit zu Besuch in die Begegnungsstätte (manchmal auch Café) genannt. Dort bewirten die Ehrenamtlichen sie, begegnen ihnen, stiften Gemeinschaft und Freude.

## Stadien und Symptome der Alzheimer-Demenz

### 1. Frühes Stadium
▶ Störungen des Kurzzeitgedächtnisses
▶ Wortfindungsstörungen
▶ leichte kognitive Störung
▶ zunehmende Reizbarkeit
▶ Stimmungsschwankungen
▶ nachlassendes Urteilsvermögen

### 2. Mittleres Stadium
▶ Fähigkeiten zur Alltagsbewältigung zunehmend eingeschränkt
▶ zeitliche und örtliche Desorientierung
▶ Unruhe/Weglauftendenz

- Aggressivität
- Kommunikationsfähigkeit stark eingeschränkt
- zunehmende Störungen des Langzeitgedächtnisses
- Wiederholen von Sätzen/Fragen
- wahnhafte Überzeugungen
- Verkennung von Personen/Situationen
- zunehmende Inkontinenz

## 3. Fortgeschrittenes Stadium
- Sprache auf wenige Wörter beschränkt
- hochgradiger geistiger Abbau
- zeitliche und räumliche Desorientierung
- zunehmende Pflegebedürftigkeit
- Schluckstörungen
- Anfälligkeit für Infektionen steigt

Beim Zusammensein mit Demenzkranken gilt:
Der Demenzkranke kann sich nicht mehr an seine Umwelt anpassen.
Passen Sie sich und die Umgebung an den Demenzkranken an!

Bieten Sie dem Demenzkranken Sicherheit:
- Unfälle in der eigenen Wohnung vermeiden
- Hilfestellung bzw. Unterstützung bei Tätigkeiten im Haushalt
- Haltegriffe im Bad anbringen
- Medikamente und Chemikalien wegschließen
- Herd absichern
- „Umherirren" vermeiden (Klangspiele an der Haustür, Vorhang etc. vor die Haustür)

Geben Sie dem Demenzkranken Orientierung:
- Tagesablauf gleichbleibend und überschaubar gestalten
- feste Regeln und Gewohnheiten beibehalten („Sicherheitsgurt!")
- Veränderungen möglichst vermeiden
- Hinweisschilder in der Wohnung anbringen (z.B. für WC)
- gut sichtbaren Kalender mit Datum, Tag, Jahreszeit etc. aufhängen
- für gute Beleuchtung (Bad!) in der Nacht sorgen
- „Sinnesüberflutung" vermeiden

Erhalten Sie das Wohlbefinden des Demenzkranken:

➤ Eigenständigkeit soweit wie möglich aufrechterhalten
➤ persönliche Würde wahren
➤ Wohlbefinden durch Körperpflege ermöglichen
➤ Sinne anregen
➤ Körperkontakt/Berührungen anbieten

Einige praktische Tipps zur Kommunikation mit Demenzkranken:

➤ Vermeiden Sie Diskussionen. Fragen Sie nicht: wieso? oder warum?
➤ Schauen Sie dem Kranken während des Gesprächs in die Augen und berühren Sie ihn gegebenenfalls.
➤ Sprechen Sie in einfachen und kurzen Sätzen.
➤ Korrigieren Sie nicht die Fehler des Kranken.
➤ Bieten Sie so oft wie möglich Ihre Hilfe an, um dem Kranken das Gefühl hoffnungsloser Unterlegenheit zu ersparen.
➤ Nehmen Sie die Gefühle des Kranken ernst und begegnen Sie ihm auf der Gefühlsebene.

Der folgende Text schildert das Erleben und Wünschen aus der Perspektive eines Demenzkranken.

Wenn ich einmal dement werde ...,
*soll mein Leben einfach und überschaubar sein.*
*Es soll so sein,*
*dass ich jeden Tag das Gleiche mache –*
*jeden Tag zur gleichen Zeit.*

Wenn ich einmal dement werde ...,
*musst Du ruhig zu mir sprechen,*
*damit ich keine Angst bekomme*
*und nicht das Gefühl entsteht,*
*dass Du böse mit mir bist.*
*Du sollst immer erklären, was Du tust.*

Wenn ich einmal dement werde ...,
*kann ich vielleicht nicht mehr mit Messer und Gabel essen,*
*aber bestimmt sehr gut mit den Fingern.*

Wenn ich einmal dement werde ...,
*und Panik bekomme – dann bestimmt,*
*weil ich an zwei Dinge gleichzeitig denken soll.*

Wenn ich einmal dement werde ...,
*bin ich meistens leicht zu beruhigen;*
*nicht mit Worten,*
*sondern indem Du ganz ruhig neben mir sitzt*
*und meine Hand festhältst.*

Wenn ich einmal dement werde ...,
*habe ich das Gefühl,*
*dass andere mich schwer verstehen,*
*und genauso schwer ist es für mich,*
*andere zu verstehen.*
*Mach Deine Stimme ganz leise und sieh mich an –*
*dann verstehe ich Dich am besten.*
*Mach nur wenige Worte und einfache Sätze.*

Wenn ich einmal dement werde ...,
*sieh mich an und berühre mich,*
*bevor Du mit mir sprichst.*
*Vergiss nicht, dass ich oft vergesse.*

Wenn ich einmal dement werde ...,
*möchte ich Musik von damals hören,*
*doch habe ich vergessen, welche.*
*Erinnere Du Dich und lass sie uns zusammen hören.*
*Ich mag gern singen, jedoch nicht allein.*

Wenn ich einmal dement werde ...,
*denke daran, dass ich nicht alles verstehe,*
*doch mehr als Du manchmal denkst.*

(Verfasser unbekannt)

## Literatur

► Martin Suter: Small world, Zürich 1997.

# (Workshops

Dorothee Peglau

# Besuchsdiensttag feiern

Die Idee, einen Besuchsdiensttag für alle Ehrenamtlichen, die im Besuchsdienst tätig sind, zu feiern, entstand aus der Beobachtung, dass in der großen Evangelischen Kirchengemeinde Aachen viele verschiedene Besuchsdienstgruppen unterwegs sind, ohne voneinander zu wissen.

Ein Besuchsdiensttag sollte die Aktiven sammeln, damit sie einander kennenlernen, voneinander lernen, einander ermutigen. Zudem bietet er eine Plattform, um Interessierte dazu einzuladen, erst mal an dem großen Thema Besuchsdienst zu schnuppern.

Bei der Gestaltung dieses Tages sind uns vier Elemente wichtig geworden, die im Ablauf des Tages Raum und Zeit bekommen:

## 1. Gottesdienst, Spiritualität, Glauben, Gemeinde

Besuchsdienst findet im Namen der Evangelischen Kirchengemeinde statt. Damit ist ein institutioneller Rahmen gemeint und ein Inhalt angezeigt. Menschen gehen im Namen Jesu und suchen andere auf, um dort zu hören, zu trösten, zu unterstützen, zu helfen, Gemeinschaft zu gewähren, Anteil zu geben und zu nehmen, zu singen und zu beten. Sie tun das, weil sie von Gottes Besuch bei uns Menschen angerührt sind und dem dreifachen Gebot der Liebe durch ihren Dienst eine Gestalt geben möchten. „Ihr seid ein Brief Christi" (2. Korinther 3,3).

Darum findet der Besuchsdiensttag in einer Kirche oder einem Gemeindehaus statt. Er beginnt mit dem Gemeindegottesdienst nach dort üblicher Zeit und Ordnung, manchmal mit, manchmal ohne Abendmahl. Die Ehrenamtlichen aus den verschiedenen Gemeindebezirken und Einrichtungen feiern mit der Ortsgemeinde mit. „Ihr seid der Leib Christi" (1. Korinther 12,27).

## 2. Gemeinschaft, Austausch, Kennenlernen

Besuchsdienst ist quasi „Außendienst" der Kirchengemeinde. Oft gehen die Ehrenamtlichen allein zu ihren Besuchen, manchmal zu zweit. Sie begegnen

Menschen und Situationen, die bisweilen schwer auszuhalten sind. Diese Erlebnisse in einer Gemeinschaft von Gleichgesinnten und Gleichengagierten auszutauschen, entlastet und ermutigt zum Weitermachen. Das geschieht in den Treffen der verschiedenen Gruppen und in einem größeren Rahmen beim Besuchsdiensttag. Zu sehen, wir sind nicht nur fünf Personen in unserer Gruppe in unserem Bezirk, sondern in unserer Gemeinde sind insgesamt mehr als hundert Ehrenamtliche im Besuchsdienst unterwegs, macht stark und froh. Das ist wie ein Mini-Kirchentagseffekt. Die große Gemeinschaft belebt das gemeinsame Engagement und sie bleibt unsichtbar bestehen, wenn später wieder jede/r für sich seine Besuchswege geht.

## 3. Lernen, Schulung, Weiterbildung

Wer ehrlich miteinander unterwegs ist, lernt voneinander. Man teilt Stärken und Schwächen, man kann sich ergänzen oder zusammen die Kraft verdoppeln. Auf dem Besuchsdiensttag werden Workshops angeboten, in denen bestimmte Themen theoretisch und praktisch behandelt werden. Den eigenen Horizont zu erweitern, die eigene Praxis zu vertiefen, neue Perspektiven und Ideen kennenzulernen, macht vielen Ehrenamtlichen Freude. Wir bieten in der Regel etwa fünf verschiedene Workshops an, von denen die Teilnehmenden dann jeweils zwei für sich auswählen können. Die Rückmeldungen über diese Form des gemeinsamen Lernens sind sehr positiv. Wo möglich, bitten wir Fachleute aus dem nahen Umfeld (Kirchengemeinde, Kirchenkreis, Diakonie), die Workshops zu gestalten. So wird Gemeinsamkeit, gegenseitiges Wahrnehmen und Wertschätzen befördert.

## 4. Willkommen sein, Stärkung, Ermutigung, Erholung

Wer im Besuchsdienst unterwegs ist, macht sich viele Gedanken darüber, wie man den Besuch für den Besuchten angenehm gestaltet. Man nimmt Rücksicht auf die Uhrzeit, man besorgt ein Mitbringsel, man stellt die eigenen Angelegenheiten dafür zurück, man macht sich auf den Weg usw. Beim Besuchsdiensttag ist es uns als Vorbereitungsteam wichtig, dass sich die Ehrenamtlichen dort wohl fühlen, dass sie sich willkommen fühlen, dass sie sich erst mal um nichts kümmern müssen, außer da zu sein. Darum sorgen wir für eine angenehme Atmosphäre im Gemeindehaus: vorbereitete Namensschilder, Tischdekoration, genügend Getränke, leckere Speisen zum Mittag und für die Kaffeemahlzeit, eine gute Ausschilderung der Räume und des Ablaufes, genügend Platz an der Garderobe, Hinweise auf die Toiletten, ein kleines Geschenk am Ende zum

Mitnehmen, Stifte und Papier. Eine gute Vorbereitung und Organisation ermöglicht einen fröhlichen, stärkenden, gemeinsamen Tag. Lange vor dem Besuchsdiensttag werden alle Einzelheiten mit dem Team des jeweiligen Gemeindehauses besprochen. Das ist Gastfreundschaft als Leibsorge und Seelsorge für Ehrenamtliche.

Die oben genannten vier inhaltlichen Elemente brauchen verschiedene Formen, um sie in einen Tag, in eine Veranstaltung zu integrieren. Anhand des folgenden Ablaufes wird das deutlich.

Möglicher **Ablauf** eines Besuchsdiensttages:

| 11.00 Uhr | Gottesdienst |
|---|---|
| | anschließend Gemeindekaffee für alle |
| 12.30 Uhr | Impuls |
| 13.00 Uhr | gemeinsames Mittagessen |
| 14.00 Uhr | Arbeitsgruppen 1. Teil |
| 14.45 Uhr | Arbeitsgruppen 2. Teil |
| 15.30 Uhr | gemeinsame Pause bei Kaffee und Kuchen |
| 16.00 Uhr | Feedback und Sendung |
| 16.30 Uhr | Ende |

Die Teilnehmenden am Besuchsdiensttag feiern mit der Ortsgemeinde den Sonntagsgottesdienst in der dort üblichen Ordnung und Zeit. Die Ortspfarrerin/der Ortspfarrer leitet den Gottesdienst. Anschließend ist Gelegenheit, beim Kirchenkaffee erste Kontakte zu knüpfen, Bekannte zu begrüßen oder nachzufragen, was es mit dem Besuchsdiensttag auf sich hat.

Beim Programmpunkt „Impuls" sammeln sich die Teilnehmenden in einem großen Raum, um einander wahrzunehmen, in Kontakt zu kommen, um einen weiteren thematischen Impuls zu bekommen. Dazu werden einfache Übungen oder Spiele (meist zu zweit) angeleitet.

Beim Mittagessen ist wieder Gelegenheit, sich auszutauschen, andere kennenzulernen, sich zu verabreden.

In den Arbeitsgruppen oder Workshops werden die thematischen Einheiten besprochen. Hier ist es wichtig, auf eine angemessene Gruppengröße zu achten, damit die Gruppen arbeitsfähig bleiben. Jeder Workshop findet zweimal hintereinander statt, so dass die Teilnehmenden sich mit zwei verschiedenen Themen befassen können. Nach 45 oder 60 Minuten wechselt man also in einen anderen Raum zu einem anderen Workshop. Das erfordert bei allen Beteiligten etwas Disziplin in Hinsicht auf die Zeit und den zügigen Wechsel. Es hat sich bewährt, zwischen den Workshops einen Puffer von fünf Minuten einzufügen.

In der Kaffeepause können sich die Teilnehmenden stärken und einander erzählen, was sie in den Workshops erlebt haben, welche Fragen offen blieben, was sie gut fanden usw.

Der letzte Programmpunkt findet dann wieder in der Kirche oder im Gottesdienstsaal statt. Die Teilnehmenden geben ihr Feedback zu diesem Tag (z.B. auf einem vorbereiteten Fragebogen). Zum Schluss wird in einer kurzen Segnungs- und Sendungsfeier jede/r Einzelne gesegnet und erhält ein kleines Geschenk, das an diesen Tag erinnern soll.

Das Feedback dient dazu, den Besuchsdiensttag weiterzuentwickeln und wo nötig zu verbessern. Zugleich ist es Grundlage für die Planung der nächsten Veranstaltung ein Jahr später.

Es hat sich bewährt, den Besuchsdiensttag langfristig zu planen. Inzwischen trifft sich das Vorbereitungsteam bald nach dem stattgefundenen Besuchsdiensttag zu einer Auswertung der Veranstaltung und beginnt die Planung für das nächste Jahr. Bei der Vorbereitung und Auswertung helfen Checklisten (siehe am Schluss des Kapitels).

In Aachen wandert der Besuchsdiensttag jedes Jahr durch die Bezirke in ein anderes Gemeindehaus oder eine Einrichtung (Krankenhaus, Altenheim; manche Häuser sind inzwischen zu klein, um die etwa 80 Besucher/innen einen ganzen Tag aufzunehmen und zu bewirten). Dieses dezentrale Modell bietet ohne zusätzliche Mühe einige Vorteile:

▶ Jeder Gemeindebezirk ist irgendwann Gastgeber für den Besuchsdiensttag. Damit steht der Besuchsdienst an diesem Ort für einen Sonntag im Jahr im Mittelpunkt.
▶ Der Besuchsdiensttag besucht diese Gemeinde.
▶ Die Lasten sind auf viele verteilt.
▶ Die Ehrenamtlichen lernen die anderen Gemeindebereiche und Institutionen kennen, in denen auch Besuchsdienst stattfindet.
▶ Das Vorbereitungsteam kooperiert mit dem/der jeweiligen Ortspfarrer/in, Küster, Hausmeister und den Ehrenamtlichen vor Ort. Sorgfältige Absprachen ermöglichen einen reibungslosen Ablauf und ein gemeinsames Erfolgserlebnis.
▶ Verschiedene Häuser bieten verschiedene Möglichkeiten und Herausforderungen für den Ablauf. Das weckt Kreativität und Kooperation.
▶ Das Zusammengehörigkeitsgefühl innerhalb der Gemeinde bzw. mit den Nachbargemeinden eines Kirchenkreises wächst.

# Checklisten

## Die Vorbereitung:

- ☐ Termin
- ☐ Ort, Räume
- ☐ Zeit
- ☐ Vorbereitungsteam

- ☐ Motto/Überschrift
- ☐ Inhalt
- ☐ Ablauf/Zeitplan für den Besuchsdiensttag
- ☐ Ablauf/Zeitplan für die Vorbereitung:
  Was muss wann von wem erledigt werden?
- ☐ Seminare/Workshops: Wer? Was? Wann? Wo?
- ☐ Gottesdienst
- ☐ Feedback-Fragebogen vorbereiten, z.B.:
  – Was nehme ich für mich mit?
  – Was war gut?
  – Was kann man verbessern?
  – Welche Themen interessieren mich?

- ☐ Werbung:

  - ☐ Einladungsbrief
  - ☐ Gemeindebrief
  - ☐ Plakat
  - ☐ Zeitung

Anschließend Bericht darüber im Gemeindebrief
und eventuell in der Zeitung

☐ Finanzen:

    ☐ im Haushaltsplan beantragen
    ☐ Kollekte
    ☐ Spenden

☐ Verpflegung:

    ☐ Kirchkaffee
    ☐ Mittagessen
    ☐ Kaffeemahlzeit
    ☐ ausreichend kalte und warme Getränke

☐ Material:

    ☐ Namensschilder
    ☐ Plakate Tagesablauf, evtl. auch auf Handzettel
    ☐ Plakat Seminare/Räume, eventuell auch auf Handzettel
    ☐ Beschilderung
    ☐ Stifte; Tesafilm
    ☐ gegebenenfalls Beamer, Leinwand, Flipchart o. Ä.
    ☐ Präsent für die Teilnehmenden
    ☐ Präsente für die Workshopleiter und das Hausmeisterteam

☐ Besonderheiten/Weitere Notizen

### Die Nachbereitung:

☐ Auswertung der Feedback-Bögen der Teilnehmenden

☐ Würdigung der Veranstaltung:
– Was war gut?
– Was war schlecht?
– Was kann verbessert/verändert werden?
Diese Fragen können anhand der folgenden Punkte
bedacht werden:

☐ Ablauf, Organisation
☐ Essen
☐ Räume
☐ Werbung, Information
☐ Gottesdienst
☐ Seminare/Workshops/Themen
☐ Anfangsrunde/Impuls
☐ Abschluss/Segnung und Sendung

☐ Vorplanung für den nächsten Besuchsdiensttag: Eindrücke,
Ideen, Verbesserungsvorschläge.
Wer macht mit? Wo? Mit wem? Wann?

☐ „Nachlese"-Brief an die Gruppenleitungen mit Tipps, Literatur-
hinweisen, Materialbestellungsmöglichkeiten, gegebenenfalls
Hinweis auf nächsten Termin etc.

Muster für einen Einladungsbrief:

**Evangelische Kirchengemeinde NN**

# „Erzähl mir von Dir ..."

Sehr geehrte (Namen, Serienbrief einsetzen),

ganz herzlich laden wir Sie ein zum

**4. Besuchsdiensttag
am Sonntag, den ...**

**von 11.00 bis 16.30 Uhr
in der Kirche NN, Hauptstraße 123.**

Zum Thema „Erzähl mir von Dir ..." wollen wir an diesem Tag die guten Erfahrungen der letzten Besuchsdiensttage weiterführen: Kontakte knüpfen oder vertiefen, Erfahrungen austauschen, Neues kennenlernen, im Dienst ermutigt und vergewissert werden.

Das Programm beginnt mit einem gemeinsamen Gottesdienst um 11.00 Uhr in der Kirche NN. Im Laufe des Nachmittags finden sechs verschiedene Arbeitsgruppen statt, aus denen Sie zwei für sich auswählen können (siehe Programm auf S. 2).

Wenn Sie Menschen kennen, die sich für den Besuchsdienst interessieren, laden Sie sie gerne mit ein und melden sie mit an.

Zum Mittagessen und Kaffeetrinken laden wir Sie an diesem Tag ein.
Wir freuen uns auf Ihr Kommen.

Mit herzlichen Grüßen aus dem Vorbereitungsteam

| | | | |
|---|---|---|---|
| A. B. | M. K. | G. H. | D. O. |
| Pfarrer | Sozialpädagogin | Gemeindepädagogin | Pfarrerin |
| an der Kirche NN | am Gemeindehaus Z | an der Kirche MM | am Krankenhaus |

## Das Programm des Besuchsdiensttages

| 11.00 Uhr | Gottesdienst |
|-----------|--------------|
|           | anschließend Gemeindekaffee für alle |
| 12.30 Uhr | Impuls |
| 13.00 Uhr | gemeinsames Mittagessen |
| 14.00 Uhr | Arbeitsgruppen 1. Teil |
| 14.45 Uhr | Arbeitsgruppen 2. Teil |
| 15.30 Uhr | gemeinsame Pause bei Kaffee und Kuchen |
| 16.00 Uhr | Feedback und Sendung |
| 16.30 Uhr | Ende |

Aus den verschiedenen **Arbeitsgruppen** können Sie zwei Angebote für sich auswählen und mitmachen:

| 1. | Kontakte ohne Worte |
|----|---------------------|
| 2. | Lebensgeschichte – biographisches Erzählen |
| 3. | Ein Gespräch beginnen – steuern – beschließen |
| 4. | Für die eigene Seele sorgen |
| 5. | Kurzbegegnungen |
| 6. | Menschen mit Demenz besuchen |

**Anmeldung:** Um Mittagessen und Kaffeetrinken planen zu können, bitten wir um Ihre Anmeldung bis zum ............ bei:
Frau K.; Evangelisches Gemeindeamt, Straße, PLZ Ort.
Telefon: (12 34) 56 78 (Mo.–Fr. 8–12 Uhr)
Fax: (12 34) 56 79
E-Mail: abc@...

**Hinweise zur Anfahrt:** Die Kirche XY erreichen Sie mit der Buslinie ..., Haltestelle ... (gegebenenfalls Wegbeschreibung)
Parkmöglichkeiten: Parkhaus ABC-Straße oder ............

**Anmeldung:**
Ich nehme am Besuchsdiensttag der Kirchengemeinde XY am ............ teil.

Name: _____ Vorname:_____

Anschrift: _____ Tel.: _____

Besuchsdienstkreis:_____

Monica Dawo-Collas

# Unterwegs zu Menschen
## Ich mache mich auf den Weg –
## von der Vorbereitung des Besuches

© Willy D - Fotolia.com

## Einleitung

Guten Tag, mein Name ist Monica Dawo-Collas und ich bin sozialpädagogische Mitarbeiterin am Gemeindehaus Arche. Mein Arbeitsschwerpunkt ist die Arbeit mit alten Menschen, der ich in den unterschiedlichsten Gruppen nachkomme. So gehört auch die Betreuung des Besuchsdienstkreises an der Arche seit einigen Jahren zu meinen Aufgaben.

Alle Teilnehmerinnen, die heute diesen Tag miteinander verbringen, sind in diesem Aufgabengebiet versierte Mitarbeiterinnen und machen diese Arbeit überwiegend seit einem längeren Zeitraum.

Wir bereiten uns alle, ein jeder nach seiner Art und Weise auf die Besuche vor, innerlich wie äußerlich.

Wir bemühen uns um ein gepflegtes Äußeres, nehmen uns Zeit, sortieren uns innerlich und bereiten uns auf den Menschen vor, den wir besuchen wollen. Wir gehen bestimmt nicht unvorbereitet zu diesem Besuch, sondern haben im Vorfeld eine Kleinigkeit zum Verschenken gerichtet und sind auch nicht gehetzt, wenn wir zum Besuch gehen.

Es geht mir aber heute nicht darum, wie sich ein jeder von uns auf den Weg macht, das wissen Sie mit Sicherheit alle bestens, da Sie es ja alle praktizieren. Ich möchte Ihnen heute neue Impulse und Anregungen mit auf den Weg geben.

Ich bin selbst als Besuchende unterwegs und stelle fest, dass ich nach einer bestimmten Lektüre, einem intensiven Gespräch oder nach einer Begegnung wieder neu angeregt wurde und lasse diese Erkenntnisse in meine Arbeit einfließen.

## 1. Bildmeditation vom Weg

▶ Was hat dieses Bild (siehe nebenstehende Seite) mit unserem Thema zu tun?
▶ Was sagt es uns?
Mündliche Antworten sammeln und auf Zetteln an die Pinwand heften.

## 2. Auslegung nach Lukas 8,26 ff.

– wussten sie schon
dass die Nähe eines Menschen
gesund machen
krank machen
tot und lebendig machen kann

– wussten sie schon
dass die Nähe eines Menschen
gut machen
traurig und froh machen kann

– wussten sie schon
dass das Wegbleiben eines Menschen
sterben lassen kann
dass das Kommen eines Menschen
wieder leben lässt

– wussten sie schon
dass die Stimme eines Menschen
einen anderen Menschen
wieder aufhorchen lässt
der für alles taub war

– wussten sie schon
dass das Wort
oder das Tun eines Menschen
wieder sehend machen kann
einen
der für alles blind war
der nichts mehr sah
der keinen Sinn mehr sah
in dieser Welt und in seinem Leben

– wussten sie schon
dass das Zeithaben für einen Menschen
mehr ist als Geld
mehr als Medikamente
unter Umständen mehr
als eine geniale Operation

– wussten sie schon
dass das Anhören eines Menschen
wunder wirkt
dass das Wohlwollen Zinsen trägt
dass ein Vorschuss an Vertrauen
hundertfach auf uns zurückkommt

– wussten sie schon
dass Tun mehr ist als Reden
wussten sie das alles schon

– wussten sie auch schon
dass der Weg vom Wissen über
das Reden zum Tun
interplanetarisch weit ist.

(Wilhelm Willms)

► Was spricht Sie in dem Text an?
► Was können Sie möglicherweise daraus für sich bei einem Besuch anwenden?
Schriftliche Antworten sammeln und auf Zetteln an die Pinnwand heften.

## 3. Kuchendiagramm:

Jeder erhält eine Kopie mit einem Kreisdiagramm (siehe Seite 67), das er für sich ausfüllen soll mit der Frage:
► Was brauche *ich* als Mensch für mein Wohlbefinden?

Mögliche Antworten:
► Freundschaft mit einem mir vertrauten Menschen,
► Familie, Spaziergänge,
► mal eben was Schönes für mich kaufen können,
► ein gutes Buch lesen können,
► Musik hören können,
► ein gutes Gespräch mit einer Freundin führen können,
► einen schönen Film im Kino schauen,
► ein Restaurantbesuch,
► ein Bad mit einem tollen Zusatzmittel,
► eine Massage,
► Nähe erleben und genießen etc.

Das alles brauchen wir für unser Wohlbefinden!
► Was kann davon der Besuchte noch alles für *sich* tun?

Da wird nicht mehr so sehr viel übrig bleiben, weil gesundheitliche oder materielle Aspekte und die somit einhergehenden Einschränkungen eine große Rolle spielen werden.

Fazit:
Je nach Lebensumständen bleibt ihm oft nur noch der zwischenmenschliche Kontakt und darum ist unser Besuch und der damit einhergehende Dienst an diesem Menschen so wichtig. Wir schlagen die Brücke zu ihm von unserem Leben zu seinem Leben und schenken dem Besuchten von unserer Zeit.

## 4. Abschluss: eine kleine Geschichte

*Ein Bauer zog mit seinem Sohn und seinem alten Pferd in der Hitze des Mittags in die Stadt.*

*Der Vater saß auf dem Pferd, das der Junge führte. „Der arme Junge", sagte da ein Vorübergehender. „Seine kurzen Beinchen versuchen mit dem Tempo des Pferdes Schritt zu halten. Wie kann man so faul auf dem Pferd herumsitzen, wenn man sieht, dass das kleine Kind sich müde läuft." Der Vater nahm sich das zu Herzen, stieg hinter der nächsten Ecke ab und ließ den Jungen aufsitzen.*

*Gar nicht lange dauerte es, da erhob schon wieder ein Vorübergehender seine Stimme: „So eine Unverschämtheit. Sitzt doch der kleine Bengel wie ein König auf dem Pferd, während der arme Vater nebenher läuft." Dieses schmerzte den Jungen, er bat den Vater, sich hinter ihn auf das Pferd zu setzen.*

*„Hat man so etwas schon gesehen", hörten sie eine Frau rufen, „solche Tierquälerei! Der armen alten Schindmähre hängt der Rücken durch und der Alte und der junge Nichtsnutz ruhen sich auf ihr aus, als wäre sie ein Sofa, die arme Kreatur!" Die Gescholtenen schauten sich an und stiegen beide, ohne ein Wort zu sagen, von dem Pferd herunter.*

*Kaum waren sie wenige Schritte neben dem Tier gegangen, machte sich ein Fremder über sie lustig. „So dumm möchte ich auch einmal sein. Wozu führt ihr denn das Pferd spazieren, wenn es nichts leistet, euch keinen Nutzen bringt und noch nicht mal einen von euch trägt?"*

*Der Vater schob dem Pferd eine Handvoll Hafer ins Maul und legte seine Hand auf die Schulter des Sohnes: „Gleichgültig, was wir machen", sagte er, „es findet sich doch jemand, der damit nicht einverstanden ist. Ich glaube, wir müssen selbst wissen, was wir für richtig halten."*

Fazit:
Es allen Menschen recht getan, ist eine Kunst, die niemand kann. Darum gibt es bei den Besuchen auch kein richtig oder falsch, sondern es kommt individuell auf den Menschen an, der besucht wird, und auf den Menschen, der besucht.

## Segen zum Abschluss

Gott spricht: *Ich will dich segnen und du sollst ein Segen sein* (1. Mose 12,2).

## Vorbereitung

▶ Als Material wird benötigt: Zettel und Stifte, Tesafilm, ein dicker Filzstift
▶ Eine Flipchart, Tafel oder Stellwand aufbauen und Kopien vom Weg-Bild im Format DIN A3 aufhängen, vom Kuchendiagramm und von der Auslegung nach Lukas 8,26 ff.
▶ Das Kuchendiagramm kopieren und an die Teilnehmenden verteilen; ein großes Kuchendiagramm erstellen und aufhängen.

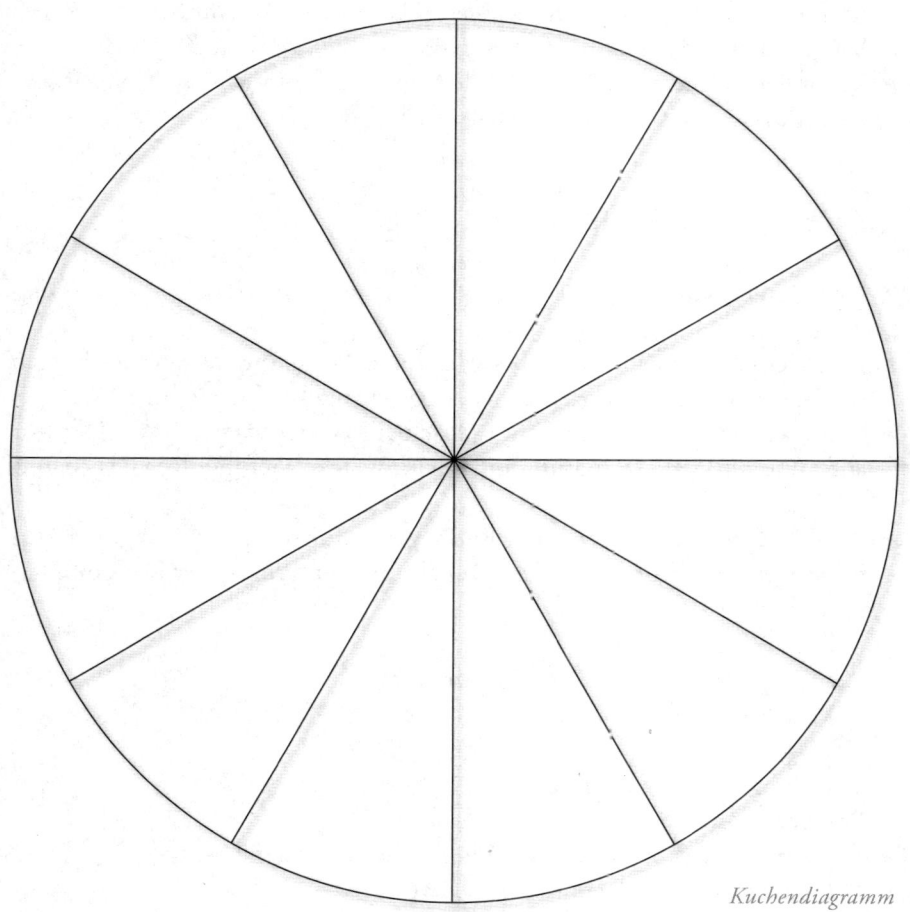

*Kuchendiagramm*

Dorothee Peglau

# Offene Fragen – Tipps zur Gesprächsführung

## 1. Vor dem Besuch

▶ Was ist der Anlass meines Besuches? (Geburtstag, Krankheit, Neuzugezogene, Kontaktpflege ...)
▶ Kenne ich den Menschen schon, den ich besuchen möchte, oder begegnen wir uns zum ersten Mal?
▶ Komme ich angemeldet oder unangemeldet? Was hat das für Konsequenzen?
▶ Wie viel Zeit habe ich für den Besuch?
▶ Mit welchen Themen bin *ich* gerade beschäftigt? Bin ich bereit und in der Lage, das für die Zeit des Besuches zurückzustellen?

## 2. Während des Besuches

▶ Den Besuch klar beginnen (Begrüßung ) und klar beenden (Verabschiedung).
▶ Den Menschen in seiner Umgebung (Zimmer, Wohnung ...) mit allen Sinnen wahrnehmen (sehen, hören, riechen, gegebenenfalls fühlen, schmecken).
▶ Die Wahrnehmung erst mal für sich selber bewusst machen (Was fällt mir auf? Wie wirkt die Situation auf mich? Welche Gefühle löst das in mir aus?).
▶ Aktives Zuhören: dem anderen Raum geben für seine Äußerungen, Empfindungen, Erfahrungen; auf den Inhalt und den Prozess der Kommunikation achten:
  ▶ Was sagt der andere?
  ▶ Wie sagt er es (Tonfall, Gestik, Mimik)?
  ▶ Wem sagt er es?

„Offene Fragen" stellen, zum Beispiel:
▶ Wie geht es Ihnen heute?
▶ Wie kam es, dass Sie hierher ins Krankenhaus mussten?
▶ Wie haben Sie Ihren Geburtstag gefeiert?

Damit gibt man dem Gegenüber die Gelegenheit, sich ausführlich oder kurz dazu zu äußern – je nachdem, wie er oder sie es möchte. Offene Fragen können den Raum dafür öffnen, dass jemand erzählt, was ihn bewegt.

„Geschlossene Fragen" werden meist mit ja/nein beantwortet, zum Beispiel:
► Hatten Sie einen schönen Geburtstag?
► Komme ich ungelegen?

Offene und geschlossene Fragen haben jeweils ihre eigene Funktion. Beide Arten braucht man zur Gesprächsführung.

### Übung:

► A. Formulieren Sie die folgenden geschlossenen Fragen um in offene Fragen:
   1. Helfen Ihnen Ihre Verwandten bei der Hausarbeit?
   2. Brauchen Sie Hilfe?
   3. Kommen Sie mit der neuen Situation zurecht?
   4. Möchten Sie vom Pfarrer besucht werden?
   5. Wie lange wohnen Sie schon hier?
   6. Sind Sie mit der Betreuung zufrieden?
   7. Ist der Besuchsdiensttag für Sie interessant?

► B. Formulieren Sie Ihre eigenen geschlossenen Fragen und verwandeln Sie sie in offene Fragen.

## 3. Nach dem Besuch

Es ist hilfreich und weiterführend, wenn Sie nach dem Besuch für sich allein oder in der Besuchsdienstgruppe gemeinsam folgende Fragen in aller Ruhe reflektieren:

► Was war gut?
► Was ist gelungen?
► In welcher Verfassung sind Sie zum Besuch hingegangen und in welcher wieder weggegangen?
► Wie haben Sie sich während des Besuches gefühlt?
► Woran lag das?
► Wo sind Sie nicht weitergekommen?

► Welche Idee haben Sie, wie Sie im Nachhinein in dieser Situation anders hätten agieren oder reagieren können?
► Was ist offen geblieben?
► Was bedeutet das für Sie als Besuchsdienstmitarbeitende?

Die ehrliche Reflexion dient dazu, Ihr Mitgefühl und Ihre Souveränität beim Besuchen zu steigern.

# Kontakt ohne Worte
## oder nonverbale Kommunikation
## oder Körpersprache

Ich freue mich, dass Sie sich für mein Angebot *Kontakte ohne Worte oder nonverbale Kommunikation* interessieren. Wir alle sind aktiv im Besuchsdienst, treffen also immer wieder auf Menschen und treten somit in Kontakt und Kommunikation ein. Es läuft jedes Mal anders ab, da ja auch die Menschen jedes Mal andere sind.

Ich möchte heute mit Ihnen einige Übungen zum Thema machen und Sie zu Anfang in einen kleinen theoretischen Teil einführen.

Das kennen wir alle: Reden ist Silber – Schweigen ist Gold! Aber selbst wenn wir schweigen, kommunizieren wir immer noch. Unsere Körpersprache drückt immer etwas aus, ob wir das wollen oder nicht.

Die *nonverbale Kommunikation, Sprache ohne Worte, Körpersprache oder Kontakte ohne Worte,* wie wir es heute nennen, ist zweifelsohne die älteste Form zwischenmenschlicher Verständigung, lange bevor der Mensch das erste Wort geäußert hat. Auch Kinder verständigen sich nach ihrer Geburt überwiegend nonverbal mit ihrer Umwelt. Sie grunzen oder schmatzen, wenn sie sich wohl fühlen, oder weinen und schreien, wenn sie sich unwohl fühlen oder Hunger haben. Tiere kommunizieren mit uns ebenfalls ohne Worte. Das weiß jeder, der mit einem Haustier lebt.

Menschliches Sozialverhalten ist nicht ohne Berücksichtigung des nonverbalen Systems zu verstehen. Allerdings wird die Bedeutung der nichtsprachlichen Verständigung von den meisten Menschen *unterschätzt.* 60 – 70 % unserer Kommunikation verläuft laut Fachliteratur nonverbal und nur 30 – 40 % verbal. Eine Tatsache, die mich sehr erstaunt hat.

Wenn Menschen nicht verbal kommunizieren, spricht der Körper alleine. Er ist niemals stumm und teilt auch dann z.B. mit Signalen der Selbstversunkenheit, der Abschirmung mit, dass von uns zurzeit kein Kontakt erwünscht ist.

Beispiel: Stellen Sie sich vor, Sie betreten einen Aufzug, in dem bereits zwei andere Personen sind. Die eine steht mit dem Rücken zur Tür und schaut zur Decke. Die andere Person steht zur Seite gewandt und hat die Arme vor sich verschränkt und schaut zu Boden. Sie werden mit keinem von beiden Personen ein Gespräch beginnen, da ihre Körpersprache Ihnen genau signalisiert, dass das unerwünscht ist.

Der Eindruck, den die *Körpersprache* macht, ist oft sehr mächtig und Worte haben es schwer, ihn zu dementieren = zu verleugnen. Die Botschaften der Körpersprache sind oft „wahrer" bzw. „echter".

Als *nonverbale Kommunikation, Verständigung ohne Worte,* wird der Teil der *Kommunikation* bezeichnet, der sich nicht nach den konventionalisierten Regeln einer gesprochenen *Sprache* ausdrückt, sondern durch *Gesten, Gebärden, Mimik, Miene* oder andere nichtsprachliche Zeichen. Auch der *Habitus* einer *Person* oder einer *sozialen Gruppe* hat bedeutsame nichtsprachliche Komponenten. Jedes Verhalten als Reaktion auf etwas oder jemanden ist eine Art der *Kommunikation,* da jedes reaktive Verhalten Mitteilungscharakter besitzt.

Jeder Mensch kommuniziert mit einem anderen, egal wie auch immer das aussieht. Ein Mensch kann also *nicht nicht* kommunizieren, d. h. jeder Mensch kommuniziert *immer* mit seinem Gegenüber. Das geschieht über unterschiedliche Ebenen, die ich Ihnen kurz aufzeigen möchte.

*1. Das Auge:* Es liefert Informationen über Gestik, Mimik und Körperhaltung, sowie über Bewegungsmuster, Nähe und Distanz, Pupillengröße unseres Gegenübers und andere Symptome wie z.B. Erröten oder Schwitzen.
a) Blickverhalten und Gesichtsausdruck = Mimik
b) Körperhaltung und Körperbewegung = Gestik

*2. Die Haut:* Die Rezeptoren unserer Haut liefern Empfindungen, die dem Tast-, Temperatur- und Schmerzsinn zugeordnet werden. Dabei liegen dem Tastsinn Sensationen wie Kitzel, Berührung, Vibration, Druck und Spannung zugrunde.

*3. Der Geruchssinn:* Er bestimmt, ob man „jemanden riechen kann".

Die sprachliche Kommunikation, die wir heute außer Acht lassen, möchte ich Ihnen der Vollständigkeit halber kurz vorstellen.

*4. Stimmliche Merkmale oder akustische Wahrnehmung:* Das ist die akustische Wahrnehmung, wie Stimmfärbung, Tonhöhe, die auch mitschwingende Information genannt wird und bestimmte emotionale Einstellungen auslöst. Eine sehr hohe Stimme empfinden wir z.B. eher als unangenehm als eine tiefe Stimme.

Nicht jede Bewegung, die Menschen ausführen können, zählt zur nonverbalen Kommunikation. Wird das Gesicht einer Person durch äußere Umstände willkürlich oder unwillkürlich in irgendeiner Weise verzerrt, sei es durch Berührung mit Händen oder Gegenständen oder z. B. durch starken Winddruck beim Autofahren, so liegt zwar ein *Ausdruck* vor, aber er ist nicht *bewusst* gesteuert.

Es wird auch zwischen bewussten Bereichen der Körpersprache oder „Kontakt ohne Worte" unterschieden und wir können diese nonverbalen Ausdrucksformen erlernen.

Beispiele dafür sind:
- ► Das Anlächeln des Gegenübers zur Kontaktaufnahme
- ► Das Pokergesicht des Kartenspielers
- ► Die unterstützende Gestik mit den Händen während des Redens
- ► Der selbstbewusste Händedruck des Verkäufers

Es gibt kein allgemeingültiges Lexikon, in dem wir nachschlagen könnten, was welche Körperhaltung, Gestik oder Mimik zu bedeuten hat. Dennoch läuft sie nicht gänzlich ohne Regeln ab. Jeder von uns weiß,
- ► wie intensiv und wie lange ein Blickkontakt dauern darf,
- ► wie groß die Distanz im förmlichen Gespräch zu sein hat und
- ► wann ein Händeschütteln bei einer Begrüßung zu beenden ist.

Wir alle haben ein empfindliches Gespür dafür, wann diese Regeln verletzt werden.

Achten Sie einmal bei sich und anderen auf den Einsatz der nonverbalen Kommunikation. Sollten Sie dabei z. B. mit einem Video aufgenommen werden, Sie würden erstaunt sein, wie Sie gestikulieren, wenn Sie einen Sachverhalt erklären oder mit wie viel verschiedenen Gesichtsausdrücken Sie sich im Laufe eines Gespräches ausdrücken.

Ich könnte Ihnen noch stundenlang eine Abhandlung zu der Thematik erzählen, aber das würde den Rahmen unserer Zeit sprengen. Interessierte finden in allen Bibliotheken genügend Lesestoff. Sie sollen heute etwas von hier mit nach Hause nehmen können.

Einen Satz, den ich bei den Vorbereitungen auf dieses Angebot fand, möchte ich Ihnen aber trotzdem nicht vorenthalten. Der Philosoph Friedrich Nietzsche sagte: „*Man lügt zwar mit dem Mund, mit dem Maul, doch durch das, was man dabei macht, sagt man doch die Wahrheit.*"

Wie ein Kontakt ohne Worte oder die nonverbale Kommunikation ablaufen kann, möchte ich Ihnen anhand einer kleinen Meditation aufzeigen.

# Einladung zur Kurzmeditation „Die Rose"
## von Rainer Maria Rilke

*Gemeinsam mit einer jungen Französin kam er um die Mittagszeit an einem Platz vorbei, an dem eine Bettlerin saß und um Geld bat. Sie hielt sich immer am gleichen Ort auf und nahm die Almosen entgegen, ohne auch nur einen Blick auf die Geber zu verschwenden.*

*Rilke gab ihr nie etwas, während seine Begleiterin der Frau öfters Geld gab. Als die Französin eines Tages fragte, warum Rilke der Frau nie etwas gebe, erhielt sie zur Antwort, dass man ihrem Herzen und nicht ihrer Hand etwas schenken solle.*

*Einige Tage darauf brachte Rilke der Bettlerin eine schöne, frisch erblühte Rose und legte sie in die um Almosen bittende Hand.*

*Da geschah etwas Unerwartetes:*

*Die Bettlerin blickte zu dem Geber auf, erhob sich mühsam vom Boden und ging mit der Rose davon. Eine Woche war die Bettlerin nicht mehr zu sehen. Dann saß sie wieder wie zuvor an ihrem gewohnten Platz und wandte sich weder mit einem Blick noch mit einem Wort an ihre Geber. Auf die Frage der Französin, wovon die Frau während der Zeit, in der sie keine Almosen erhalten habe, gelebt habe, antwortete Rilke: „Von der Rose".*


## Praktischer Teil:

### Frage an die Teilnehmenden
Gibt es in Ihrem Leben auch ein Erlebnis, das Sie bis zum heutigen Tag nicht mehr vergessen haben, wo vielleicht jemand wie ein Engel für Sie war, der so etwas bei Ihnen bewirkt hat wie die Rose bei der Bettlerin?

### Gemeinsamer Austausch

✂

## 1. Übung (ca. 10 Min.):

▶ *Wahrnehmungsübung:* Bild mit Profil von einer Vase bzw. von zwei einander zugewandten Gesichtern

▶ Zettel und Stifte verteilen, die Übung erklären: Das Bild wird gezeigt. Die Teilnehmenden sollen es betrachten und still aufschreiben, was sie als erstes darauf erkennen. Bitte noch nichts dazu sagen.

▶ Danach vortragen lassen – reihum!
(Manche Teilnehmerinnen und Teilneher sehen nur die weiße Vase in der Mitte, manche nur die schwarz konturierten Gesichter, manche sehen beides.)

✂

## 2. Übung (ca. 10 Min.):

▶ Die *4 Sinne*: Paare bilden lassen und ein Arbeitsblatt verteilen.

▶ Aufgabe: Erinnern Sie sich an einen Besuch, den Sie in der letzten Zeit gemacht haben. Was haben Sie beim Betreten der Wohnung/des Zimmers wahrgenommen? Was haben Sie gehört, gesehen, gefühlt, gerochen?
Schreiben Sie spontan auf, was Ihnen zum jeweiligen Punkt einfällt. (Eventuell aus Zeitgründen je Paar immer nur einen Begriff bearbeiten lassen. Wenn ein Paar fertig ist, kann es gerne spontan noch zu den anderen Punkten etwas notieren.)

  ▶ Höreindruck
  ▶ Visuelle Eindrücke
  ▶ Berührungseindrücke
  ▶ Geruchseindrücke
  ▶ ...

Gemeinsames Zusammentragen der Antworten – reihum!

# Arbeitsblatt

▶ *Höreindrücke:* z.B. Husten, Stöhnen, Weinen

.......................................................................................

.......................................................................................

.......................................................................................


▶ *Visuelle Eindrücke:* z.B. körperliches Erscheinungsbild, Gesichtsfarbe, Lichtverhältnisse, Raum

.......................................................................................

.......................................................................................

.......................................................................................


▶ *Berührungseindrücke:* z.B. kalte Hände

.......................................................................................

.......................................................................................

.......................................................................................


▶ *Geruchseindrücke:* z.B. Geruch in der Wohnung

.......................................................................................

.......................................................................................

.......................................................................................

# Übersicht: Körpersignale erkennen und deuten

Höreindrücke:
- Tonlage, Rhythmus, Vortragsart, Stimmlage, Lachen
- Vortragsstörungen: Zögern, verlängerte Pausen, Schweigen, Lispeln, Stottern, Versprecher
- Seufzer, Pfeifen, Rülpsen, Schwanken der Stimme, Keuchen, Räuspern
- Aufstoßen, nervöser Husten, Summen, Fingerschnippen, Händeklatschen
- Geräusche, die der Körper mit Hilfe von Objekten erzeugt: Klavierklimpern, Hämmern, Scharren, Türen schlagen, mit Gegenständen klappern, Motorradknattern, Hupen
- Lärmkulisse, mit der man sich umgibt oder schützt, die man anderen aber zumutet (z.B. laufendes Radio oder Fernseher)

Visuelle Eindrücke:
- Körperliche Erscheinung, Haltung, Bewegungen
- Tempo, Gangart, Gesten, Mimik, Grimassen, Ticks
- Geschicklichkeit, Beweglichkeit, Rhythmus
- Körperpflege, Kleidung, Schmuck, Accessoires, Frisur, Make-up
- Gefühlsreaktionen: Erröten, Erbleichen, Zittern, krampfartige Bewegungen, ruckartige Bewegungen, Schweißausbrüche

Berührungseindrücke:
- Händedruck, Umarmung, Schulterklopfen, Handauflegen auf den Arm, Umfassen der Schultern, Handkuss, Tanz
- Zufällige und unabsichtliche Berührungen
- Sexuelle Vertraulichkeiten

Geruchseindrücke:
- Körperausdünstungen wie Transpiration, Atem, sexuelle Gerüche
- Tabak- und Alkoholgerüche, berufsbedingte Gerüche
- Parfüm, Deodorant, Rasierwasser, Seife, Lotionen;


*Mit der Laterne nicht,*
*mit dem Herzen sehe ich die Menschen,*
*denn der Liebe alleine*
*öffnen die Menschen ihre Herzen.*

(Peter Rosegger)

## 3. Übung (ca. 5 Min, zu zweit):

▶ *Führende Hände:* Die beiden Teilnehmer stehen oder sitzen sich einander gegenüber und berühren sich nur an den Fingerspitzen. Das Paar spricht ab, wer mit der Übung beginnt. Einer fängt an, den anderen zu führen, indem er die Hände in eine beliebige Richtung bewegt (Kreise, Wellenlinien etc.). Der andere folgt mit seinen Händen. Die beiden schauen sich dabei an und wechseln nach einiger Zeit die Führung, ohne sich mit Worten abzusprechen. Das kann einige Male so hin- und herwechseln.

▶ Die Übung soll schweigend und mit gehaltenem Blickkontakt durchgeführt werden.

## Austausch-Runde:

▶ Wie haben Sie diese Übung empfunden? *(angenehm, unangenehm, Blickkontakt zu viel etc.)* Woran haben Sie gemerkt, wer führt?

## Gemeinsamer Austausch über „Besuchserlebnisse ohne Worte":

▶ Wie erreiche ich einen Menschen, der z.B. nicht sprechen kann?

## Abschluss

▶ Wie auch immer sich ein Kontakt während eines Besuches gestaltet, Sie bauen Brücken zu dem Besuchten.

## Geschichte vom Brückenbauer vorlesen
*Die anderen Brücken*

*Du hast einen schönen Beruf,*
*sagte das Kind zum alten Brückenbauer,*
*es muss schwer sein, Brücken zu bauen.*

*Wenn man es gelernt hat, ist es leicht, sagte der alte Brückenbauer,*
*es ist leicht, Brücken aus Beton und Stahl zu bauen.*
*Die anderen Brücken sind sehr viel schwieriger, sagte er,*
*die baue ich in meinem Träumen.*

*Welche anderen Brücken?, fragte das Kind.*

*Der alte Brückenbauer sah das Kind nachdenklich an.*
*Er wusste nicht, ob es verstehen würde.*
*Dann sagte er:*

*Ich möchte eine Brücke bauen von der Gegenwart in die Zukunft.*
*Ich möchte eine Brücke bauen von einem zum anderen Menschen,*
*von der Dunkelheit in das Licht,*
*von der Traurigkeit zur Freude.*
*Ich möchte eine Brücke bauen von der Zeit zur Ewigkeit*
*über alles Vergängliche hinweg.*

*Das Kind hatte aufmerksam zugehört.*
*Es hatte nicht alles verstanden, spürte aber,*
*dass der alte Brückenbauer traurig war.*
*Weil es ihm eine Freude machen wollte, sagte das Kind:*
*Ich schenke Dir meine Brücke.*

*Und das Kind malte für den Brückenbauer*
*einen bunten Regenbogen.*

(Anne Steinwand)


## Praktische Tipps

### Auf Gefühle achten:

► Menschen fällt es oft schwer, ein belastendes Gefühl direkt anzusprechen (z.B. aus Scham oder Ärger über die eigene Hilflosigkeit).
Manchmal kann es hilfreich sein, ein vorhandenes oder unausgesprochenes Gefühl des anderen mit eigenen Worten auszusprechen, z.B. „Haben Sie große Angst vor dem Termin?"

### Man muss nicht immer sprechen:

► Es geht nicht darum, möglichst viel zu sprechen, eigene Erfahrungen zu erzählen oder Ratschläge zu geben. Oftmals reicht es schon, wenn man gut zuhört und der andere sich verstanden fühlt. Man darf auch ruhig gemeinsam schweigen.

### Wenig hilfreich und deshalb zu vermeiden sind:

► Wechseln des Themas ohne Erklärung
► Vermeidung von Blickkontakt
► Interpretation des Verhaltens und Belehrung über Zusammenhänge
► Ratschläge geben oder überreden (z.B. „sei doch mal …" oder „mach doch mal …")

Wenn noch Zeit ist, kann auch diese Geschichte zum Abschluss erzählt werden oder sie wird anstelle der Brückenbauergeschichte gewählt.

*Nur weil einer auf der Bettkante saß*

*Zwei alte Bettgestelle standen auf dem Boden, setzten Staub an und kamen eines Nachts ins Gespräch.*

*„Ich verstehe einfach nicht, warum man mich durch Matratzen ersetzt hat. Ich erinnere mich noch so gut an die Jahre und Zeiten, wo die Bettkante noch ein Bedeutung hatte. Lag der Junge krank, dann saßen Mutter oder Vater auf dem Rand, nahmen seine Hand oder streichelten ihm übers Haar. Es war eine gute Zeit und oft war es wie ein Zauber, wenn der Hustenreiz verflog, nur weil sich jemand auf die Bettkante setzte."*

*„Ich habe ähnliche Erfahrungen", schaltete sich das andere Gestell ein. „Nur zu gerne erinnere ich mich an die langen Winterabende, wenn die Oma auf der Bettkante saß und dem Mädchen ein Märchen zur guten Nacht vorlas. Dann schlug der Sturm ans Fenster und der Hagel prasselte auf das Blech, aber drinnen war Obhut und Schutz, nur weil jemand auf der Bettkante saß."*

*So redeten sich die beiden in Eifer und schwammen förmlich in der guten alten Zeit.*

*„Als der Soldat damals nach Hause kam und so kaputt war, da saß täglich der Arzt auf der Bettkante, verschrieb Pulver und Pillen, aber hauptsächlich hörte er zu und ließ sich die Geschichten aus dem Lager erzählen. Weißt du, der Soldat wurde gesund. Ich glaube, nur weil jemand auf der Bettkante saß."*

*„Ich stand nicht lange alleine im Zimmer", erklärte das andere Bett. „Wir waren zu zweit und oft genug habe ich erlebt, wie die beiden Kinder auf den Bettkanten saßen, den erlebten Tag besprachen und den kommenden planten. Herrlich war das und plötzlich war der ganze Raum voll von Träumen und Ideen, nur weil jemand auf der Bettkante saß."*

*„Und ich habe miterlebt, als der Großvater starb. Er sprach noch über die Vergangenheit, über den Kaiser und die Steckrüben, während der Tod schon auf der Bettkante saß. Doch gewann ich den Eindruck, dass dies dazugehörte, ganz selbstverständlich und mit tiefem Glauben, ja, weil jemand auf der Bettkante saß."*

*„Als mich die Möbelträger auf den Boden trugen", ergänzte das erste Gestell das Gespräch, „da saßen sie beide noch auf meiner Kante, tranken einen Schluck Bier, und der eine meinte „Schade um das schöne Stück! Weißt du, das hat mich getröstet, nur weil jemand noch auf der Bettkante saß."*

*Sagt es beide weiter. Setzt euch auf Bettkanten, solange es sie noch gibt.*

(Peter Spangenberg)

Dorothee Peglau

# Für die eigene Seele sorgen

▶ Vorbereitung: Stifte und Papier

## 1. Wer viel für andere tut, muss auch viel für sich selber tun.

Unser Vorbild: Jesus, der Meister, zog sich zurück auf einen einsamen Berg, um zu beten. Er wollte sich regenerieren, nachdem er sich um viele Menschen gekümmert hatte. Im Garten Gethsemane bereitete er sich auf seinen schweren Weg vor mit Stille, Gebet und Alleinsein.

Jesus spürte, dass Kraft von ihm ausging, die auf andere wirkte, sie heilte, sie berührte und veränderte. Diese Energie fehlte ihm anschließend.

### Übung:
▶ Was tun Sie für andere? (aufschreiben, konkret, Großes und Kleines, eine Liste erstellen)
▶ Austausch mit dem Nachbarn oder im Plenum: Was ist mir beim Aufschreiben/Nachdenken/Sammeln aufgefallen?
▶ Fazit: Für die eigene Seele kann ich nur sorgen, wenn ich zunächst die Einsicht gewinne, dass ich das nötig habe. Wer meint, er/sie brauche das nicht, wird nicht für die eigene Seele sorgen.

## 2. Um für meine Seele sorgen zu können, muss ich mich selbst kennen.

### Übung:
▶ Woran merke ich, dass ich erschöpft bin? Was macht mir Stress? Schreiben Sie die konkreten Anzeichen möglichst genau auf (was, wann, wo, wie, wer?).
▶ Austausch im Plenum. Beispiele sammeln.

# 3. Deine Seele soll sein wie ein gewässerter Garten.

Jeremia 31,10–12:
*Höret, ihr Völker, des Herrn Wort und verkündet's fern auf den Inseln und sprecht: Der Israel zerstreut hat, der wird's auch wieder sammeln und wird es hüten wie ein Hirte seine Herde; denn der Herr wird Jakob erlösen und von der Hand des Mächtigen erretten. Sie werden kommen und auf der Höhe des Zion jauchzen und sich freuen über die Gaben des Herrn, über Getreide, Wein, Öl und junge Schafe und Rinder, dass ihre Seele sein wird wie ein wasserreicher Garten und sie nicht mehr bekümmert sein sollen.*

## Übung:
▶ Was erholt mich? Wo und wie kann ich meine Kräfte regenerieren?
▶ Wie oft sorge ich dafür? Jede/r schreibt es für sich möglichst genau auf.

## Konkrete Möglichkeiten, sich von der Anstrengung, vom Stress beim Besuchsdienst zu entlasten:

Es gibt einen bunten Strauß von Möglichkeiten. Suchen Sie sich aus, was zu Ihnen passt; probieren Sie gegebenefalls mal eine neue Anregung aus und spüren Sie, wie es Ihnen damit geht. Manche Vorschläge brauchen Regelmäßigkeit, damit sie ihre entlastende Wirkung entfalten können (wie z.B. beim Zähneputzen: einmal ist gut; für guten Schutz vor Karies sollten Sie es jeden Tag tun).

1. Sich vor dem Besuch vorbereiten und sammeln. Damit ist gemeint, sich Gott zur Verfügung zu stellen, für den anderen bereit zu sein: für seine Stimmung, seine Geschichte, seine Situation. Die eigenen Themen werden für die Zeit des Besuches zurückgestellt, die eigene Biographie ruht, um für den anderen offen zu sein.
2. Hilfreich ist es, den Besuch ordentlich zu beginnen und ordentlich zu beenden: aktive Begrüßung und Verabschiedung. Beim *Abschiednehmen* kann man sich etwas Positives aus der Begegnung mitnehmen.
3. Im Gespräch, beim Besuch differenzieren: Das bist Du. Das bin ich. Das ist Deine Krankheit/Dein Leiden. Meins ist ein anderes. Das sind Deine Themen/Probleme. Meine sind andere.
4. Die Verantwortung für sein Leben dem anderen zugestehen und lassen. Ich bin nicht für sein Glück, seine Zufriedenheit, seine Gesundheit, seine Versöhnung verantwortlich. Auf Anfrage hin kann ich hier und dort helfen, aber ich bin nicht dafür verantwortlich.

5. Nach dem Besuch innerlich und äußerlich Distanz schaffen: örtlich, zeitlich, inhaltlich (in Gedanken: EXIT! Ausgang!).

6. Bei längeren Kontakten oder Begleitungen: den Kontakt auf mehrere Termine aufteilen (Treue). Eine Zeitlang ein Stück des Weges mitgehen (Modell Emmausjünger). In einer Weggemeinschaft ist man sich manchmal näher und manchmal ferner. Das ist o.k.

7. Das geistliche Dreieck nutzen: Wir sind nicht allein bei unseren Besuchen. Der Besuchte, Sie und der mitgehende Christus bilden eine Dreiergemeinschaft. Sie bilden ein Dreieck, in dem jeder mit jedem in Beziehung steht, auch wenn es nicht ausgesprochen wird. Oft wird es bei schweren Themen oder Situationen belastend, wenn wir meinen, alles alleine auf unsere Schultern nehmen zu müssen. Da entlastet die Vorstellung vom geistlichen Dreieck: Christus trägt die Leiden und Lasten mit.

8. Dazu können Sie den Raum öffnen z.B. mit einem Gebet (gemeinsam oder allein): Psalm 23, Vater unser o. Ä.; oder Sie singen eine Liedstrophe vor oder singen gemeinsam. „Haben Sie ein Lieblingslied?", kann man den Besuchten fragen. Man „lässt" dem anderen sozusagen „etwas von Gott da". Das entlastet den Besucher.

9. Den anderen Menschen segnen: laut oder leise, vor Ort oder aus der Ferne oder wenn Sie an seinem Haus vorbeigehen. Sie können den Segen sprechen und dabei die Hand auf den Kopf oder die Schulter legen; oder Sie halten den Besuchten bei der Hand. Als Texte eignen sich der Aaronitische Segen, der trinitarische Segen, der Konfirmationsspruch des Besuchten oder Ihr eigener oder sonst ein Bibelvers, der Ihnen vertraut ist und passt. Es ist auch möglich, eine Liedstrophe dazu zu verwenden. Vorher ist abzuklären, ob der andere das möchte und in welcher Form. Der Segen ist ein Angebot.

Der Aaronitische Segen:
▶ *Der Herr segne Dich und behüte Dich. Der Herr lasse sein Angesicht leuchten über Dir und sei Dir gnädig. Der Herr erhebe sein Angesicht auf Dich und gebe Dir Frieden.*

Der trinitarische Segen:
▶ *Es segne und behüte Dich der allmächtige und barmherzige Gott, der Vater, der Sohn und der Heilige Geist.*

Konfirmationsspruch (Beispiele):
▶ *So spricht Gott, der Herr: Fürchte dich nicht, denn ich habe Dich erlöst. Ich habe Dich bei Deinem Namen gerufen, Du bist mein (Jesaja 43,1).*

- *Der Herr ist Dein Hirte. Dir wird nichts mangeln* (Psalm 23,1).
- *Befiehl dem Herrn Deine Wege und hoffe auf ihn. Er wird es wohl machen.* (Psalm 37,5).
- *Gott hat uns nicht gegeben den Geist der Verzagtheit, sondern den Geist der Kraft, der Liebe und der Besonnenheit* (2.Timotheus 1,7).

10. Fürbitte halten vor unserem Gott: jemand in Gottes Hände befehlen, still oder hörbar, dort vor Ort oder später auf dem Weg nach Hause, zusammen mit den Anwesenden oder allein, im Besuchskreis, in der Gemeinde, im Gottesdienst.

    Fürbitte verändert die Welt auf dreifache Weise: Es verändert mich, es verändert den, für den ich bitte, es verändert Gott.

11. Körperliche Bewegung hält Leib, Geist und Seele gesund. Unser Organismus ist für die Bewegung geschaffen. Muskulatur, Gelenke, Füße, Arme, etc. bilden den Bewegungsapparat. Wer sich regelmäßig bewegt, bleibt besser gesund, stärkt ein frohes Gemüt und baut Stress ab. Spazierengehen, Radfahren, Schwimmen …, was immer Sie mögen. Bewegung hellt die Psyche auf, das ist wissenschaftlich erforscht und bewiesen. Probieren Sie es aus, und überprüfen Sie es selber. Vielleicht können Sie den Besuch zu Fuß machen, der Weg dorthin bekommt dann eine mehrfache, tiefe Bedeutung.

    (Literaturhinweis: Jörg Blech: Bewegung, Frankfurt am Main 2007.)

12. Sorgen Sie dafür, dass Sie genügend schlafen: Das ist die wichtigste Tätigkeit zur Regeneration unserer Kräfte. Wer unausgeschlafen ist, ist leicht reizbar, hat schnell schlechte Laune, ist unaufmerksam, träge etc. Dann ist ein Besuch eine Zumutung für den Besucher und den Besuchten.

13. Eine sehr direkte, materielle Entlastungsform ist leichtes Essen und in Maßen. Das hält uns fit und aufmerksam.

14. Regelmäßiger Tagesablauf: „Halte die Ordnung und die Ordnung hält Dich", empfiehlt der Heilige Benedikt in seiner Ordensregel. Wir müssen das Rad nicht jeden Tag neu erfinden: nicht in unserem Tagesablauf, auch nicht bei den Besuchen. Ein gewisser Rhythmus hilft uns. Zum Beispiel: Die „Grünen Damen und Herren" haben jede/r eine feste Zeit, zu der er/ sie im Krankenhaus ihren Dienst macht. Das ist verlässlich und regelmäßig. Der Zeitplan muss nicht jedes Mal wieder neu diskutiert und organisiert werden. Das spart für alle Zeit und Energie.

15. Nein sagen, wo nein hingehört. Jesus empfiehlt: *Eure Rede sei ja, ja, nein, nein. Alles andere ist von Übel* (Matthäus 5,37). Das Neinsagen kann man als geistliche Übung verstehen. Gehört hierher mein Ja oder mein Nein? Für Kirchenleute ist es manchmal schwer, nein zu sagen. Man kann es aber lernen. Übung macht den Meister.

16. Sich mit Schönem und Gesundem umgeben und beschäftigen: mit der Schöpfung in Natur, Wald, Feldern und Gärten. Musik und Kunst erbauen die Seele. Kinder und Familie, Freunde und Weggefährten im Glauben stärken unsere inneren und äußeren Kräfte.
17. Andacht, Stille, Gottesdienst, Gebet, Abendmahl, Singen. Die geistlichen Heilmittel wirken heilsam für Besuchte und Besucher/innen.

Suchen Sie sich aus, was zu Ihnen passt. Vielleicht mögen Sie auch experimentieren mit etwas Neuem. Sie werden herausfinden, was Sie erholt, was Ihre Kräfte regeneriert.

Fazit:
Wer sorgfältig mit seinen Kräften umgeht, kann rechtzeitig dafür sorgen, dass es erst gar nicht zur Überlastung kommt. Dazu gehört es, die Grenzen zu erkennen: zuerst die eigenen Grenzen – leiblich, seelisch, geistig und geistlich – kennen, respektieren und einhalten. Daneben ist es notwendig, die Grenzen des anderen, seiner Situation, der vorhandenen Struktur und des Umfeldes wahrzunehmen und zu respektieren. Was nicht geht, geht nicht.

Unsere Berufung ist nicht, überlastete, genervte, erschöpfte Mitarbeitende im Besuchsdienst zu sein. Sondern: *Deine Seele soll sein wie ein gewässerter Garten* (Jerermia 31,12).

Dorothee Peglau

# Wie gewinnen wir neue Mitarbeitende?

Die Frage, wie wir Menschen dazu gewinnen, in der Gemeinde aktiv mitzuarbeiten und einen ehrenamtlichen Dienst zu übernehmen, ist so alt wie die Kirche selbst. Von Anfang an gehörte zum Glauben an den gekreuzigten und auferweckten Christus die praktische Ausgestaltung des Lebens. Wie im Kapitel „Theologie des Besuchens" ausgeführt (siehe S. 9), äußert sich der Glauben in den vier Hauptformen Gemeinschaft, Gottesdienst und Gebet, Bekenntnis und Dienst.

Wie gewinnen wir neue Mitarbeitende dazu? Fragt man unter den aktiven Ehrenamtlichen herum, wie sie zu ihrem Engagement gekommen sind, hört man interessante, bunte Geschichten. Wenn ich die vielfältigen Antworten bündele, ergeben sich drei Bereiche, die zur Mitarbeit führten: Öffentlichkeitsarbeit, persönliche Ansprache und Beteiligungsformen auf Probe. Alle drei Faktoren sollen im Folgenden beschrieben werden.

## 1. Öffentlichkeitsarbeit

Da geht es um die klassischen Informationsmedien, die Kirche auch in anderen Bereichen nutzt: angefangen beim informativen und einladenden Faltblatt (Flyer) über werbende Artikel oder Annoncen im Gemeindebrief und in der regionalen Presse bis zu Beiträgen im Lokalrundfunk oder Fernsehen. Auch können Spendenaktionen für eine bestimmte Zielgruppe Interesse und Engagement wecken, sich an einer Aufgabe ehrenamtlich zu beteiligen.

Ziel aller dieser Formen ist, über eine ehrenamtliche Tätigkeit, ihre Ziele und Inhalte zu informieren. Die Information wendet sich meist an zwei Adressaten: an die, die diese Dienste eventuell in Anspruch nehmen können, und an die, die sich engagieren und mitmachen möchten.

## 2. Die persönliche Ansprache

Das ist die Urform, um in die Nachfolge zu rufen. Jesus hat Menschen direkt angesprochen und sie aufgefordert, ihm zu folgen. Erstaunlicherweise ließen sich Menschen dazu bewegen, damals und heute auch. Es gab und gibt auch welche, die ablehnen, aus welchen Gründen auch immer. Laut Umfragen gibt es eine große Zahl von Menschen, die bereit sind, sich ehrenamtlich zu engagieren. Wo sind sie? Vermutlich um uns herum, nicht weit weg. Viele sprechen nicht darüber, dass sie zu einem Dienst bereit sind. Aber sie sind bereit. Wie kann man das herausfinden? Indem man sie fragt, indem man ins Gespräch kommt und herausfindet, wo und was jemand gerne mitmachen würde. Das passt nicht immer gerade zu dem Bereich, in dem man selber tätig ist, aber oft zu einem anderen. Da ist Vermittlung, Kontakt herstellen gefragt. Manchmal entstehen durch solche Gespräche ganz neue Ideen, da jemand Erfahrung, Mittel oder Kontakte hat, die ein neues Arbeitsfeld, einen neuen Dienst möglich machen, den man vorher gar nicht im Blick hatte. Auch hier ist Offenheit, Flexibilität, Kreativität gefragt.

Trauen Sie sich ruhig, Menschen zu fragen, was ihre Idee von ehrenamtlichem Engagement ist. Das führt zu interessanten Gesprächen, überraschenden Ideen und neuem Schwung. Es lockt Menschen „hinter dem Ofen" hervor, gibt Einblick in ungeahnte Begabungen und führt fremde Menschen zusammen. Nur Mut. Viele Ehrenamtliche erzählen, dass sie damals gefragt worden sind vom Pfarrer oder von der Nachbarin, von einem Arbeitskollegen oder einer Freundin, von anderen Ehrenamtlichen oder von der Verwandtschaft, von der Altenpflegerin oder dem Jugendmitarbeiter. Und sie sind bis heute froh, dass sie gefragt wurden. Die persönliche Ansprache ist die Urform, um in die Nachfolge und in die Mitarbeit zu rufen.

## 3. Beteiligungsformen auf Probe

Damit sind Formen gemeint, die es jemandem ermöglichen, einen bestimmten ehrenamtlichen Dienst erst mal kennenzulernen. Das kann eine „Schnupperveranstaltung" sein, an dem sich die Gruppe und ihre Aufgabe vorstellt, bei dem man mit Aktiven ins Gespräch kommen kann, was genau sie da machen, welche Voraussetzungen nötig sind, wie viel Zeit und Energie eingesetzt werden etc. Zugleich können die interessierten Gäste für sich wahrnehmen und spüren, wie die Atmosphäre in dieser Gruppe ist: Wie werden sie begrüßt? Wo dürfen sie sitzen? Werden sie bewirtet? Interessiert sich jemand für ihre Person, ihre Erfahrungen, ihre Begabungen? Sind sie offen für neue Ideen oder kritische Fragen? Möchte die Gruppe wirklich neue Mitglieder aufnehmen oder fühlen sie sich eigentlich am wohlsten, wenn sie unter sich bleiben? Bei einer Schnupperveranstaltung beschnuppern sich Gäste und bestehende Gruppe gegenseitig. Das wird oft vergessen. Es gibt leider auch Gruppen, die verhalten sich abweisend, streng oder unfreundlich zu „Neugierigen". Dann ist es keine Überraschung, wenn diese Gruppen niemanden dazugewinnen.

Eine weitere Beteiligungsform ohne große Hürden ist das Ehrenamt auf Zeit. Man vereinbart miteinander für einen festgelegten Zeitraum, unter Begleitung und Anleitung eines erfahrenen Ehrenamtlichen eine Mitarbeit, zunächst gegebenenfalls mit einem geringen Einsatz an Zeit und Energie. In dieser Zeit kann die Interessentin/der Interessent die Aufgabe kennenlernen, sich darin ausprobieren, Erfahrungen sammeln und sie gemeinsam mit ihrem/seinem „Mentor" reflektieren. Umgekehrt nimmt die Mentorin/der Mentor wahr, wie der „Neuling" mit der Aufgabe klarkommt, ob er Freude dabei empfindet, ob er geeignet ist, wo er Unterstützung braucht etc. Der Vorteil für beide Seiten besteht darin, zu testen, auszuprobieren, ob Menschen und Aufgaben zueinander passen, ob es stimmig ist. Wenn ja, herzlichen Glückwunsch, dann ist jemand dazugewonnen worden. Wenn nein, können sich beide Seiten wieder friedlich voneinander trennen ohne bleibende Schäden für die eine oder andere Seite. Denn das hat es ja leider auch schon gegeben.

Eine dritte Möglichkeit, Interessierten ein Forum zum Kennenlernen zu bieten, ist der Besuchsdiensttag. Eingeladen sind alle, die sich im Besuchsdienst engagieren, und alle, die sich dafür interessieren, evtl. mitzumachen. Der Besuchsdiensttag findet einmal im Jahr statt, beginnt mit dem Gemeindegottesdienst und endet am späten Nachmittag. (Mehr dazu vgl. das Kapitel „Besuchsdiensttag", S. 53). An diesem Tag kann man Einblick gewinnen in die Themen, Freuden und Herausforderungen des Besuchsdienstes, man kann interessante Menschen kennenlernen, erfährt Gemeinschaft beim Gottesdienst, beim gemeinsamen Lernen, beim Essen und Erzählen. Jeder kann Kontakte knüpfen oder auffrischen.

Es ist günstig, wenn man Menschen auf eine Mitarbeit beim Besuchsdienst hin angesprochen hat, sie zu diesem Tag einzuladen und mit ihnen gemeinsam den Tag dort zu verbringen. Das reduziert die Fremdheit, das baut Brücken, das schafft gemeinsame Erlebnisse und Erinnerungen.

Diese drei Beispiele aus der Rubrik „Beteiligungsformen auf Probe" mögen Sie anregen, eigene, auf Ihre Situation vor Ort zugeschnittene Formen und Ideen zu entwickeln. Vorhandene Beispiele können nachgeahmt oder weiterentwickelt werden. Sie können auch ein Anstoß sein, eine alte Idee zu verwirklichen oder eine neue Idee auszuprobieren.

## 4. Zeit und Raum öffnen – Flexibilität im Ehrenamt

Beim Thema Ehrenamt ist es wichtig, nicht nur ein langfristiges Engagement im Blick zu haben und anzubieten, sondern auch sogenannte projektorientierte Mitarbeit anzubieten. Zum Beispiel bei einer Spendenaktion für einen einmaligen Zweck, bei der Unterstützung einer Familie in einer akuten Notsituation, bis sich die Lage entspannt hat, oder bei der Vorbereitung und Durchführung einer großen Veranstaltung.

### Einige Beispiele zur Verdeutlichung:

▶ Die Telefonseelsorge wirbt gezielt und erfolgreich mit einer Annonce in der Lokalpresse um Mitarbeitende, wenn sie einen neuen Ausbildungskurs beginnt.

▶ Im Krankenhaus werden von Zeit zu Zeit schwer verwundete Kinder aus Afghanistan, dem Yemen oder aus Afrika operiert. Sie bleiben in der Regel ein halbes Jahr in der Klinik, da mehrere Operationen nötig sind. Für dieses Engagement des Krankenhauses braucht es ehrenamtliche Unterstützung auf Zeit: Es gibt einen Kreis von Ehrenamtlichen, die das Kind in dieser Zeit im Krankenhaus begleiten mit Spielen, z.T. Deutschunterricht, kleinen Ausflügen etc., je nachdem was möglich ist.

▶ Für die „Tafel" wird im Krankenhaus von Mitarbeitenden eine Paketaktion zu Weihnachten gestartet. Einige sammeln das Geld ein, andere besorgen die Lebensmittel, noch mal andere packen die Pakete in einer Gemeinschaftsaktion zusammen.

▶ Im Altenheim helfen Angehörige dabei mit, die Bewohner/innen zum Gottesdienst zu bringen. Manchmal nur so lange wie ihr Verwandter in diesem Altenheim lebt, manchmal bleiben sie auch darüber hinaus dabei, weil sie inzwischen auch mit den anderen Bewohnern/innen und dem Pflegepersonal vertraut geworden sind. Manche kommen regelmäßig, manche ab und zu.

▶ Beim Besuchsdiensttag, der einmal im Jahr stattfindet und jedes Mal in einem anderen Gemeindehaus gastiert, werden viele zusätzliche Köpfe und Hände gebraucht. Das Vorbereitungsteam erweitert sich dann für eine begrenzte Zeit zu einer vielköpfigen Mannschaft.

▶ Eine Gemeindegruppe übernimmt für ein Jahr die Patenschaft eines Kindes in Südamerika und ermöglicht ihm eine Schulausbildung.

▶ Für den Besuchsdienst kann es eine Aktion geben: „drei Besuche im Jahr" oder „ich besuche fünf Menschen, die in meiner Straße wohnen". Oder jemand besucht nur eine einzige Adresse.

Flexibilität und neue Portionierungen an Zeiteinsatz, Dauer, Energie und Inhalten helfen Menschen, sich nach ihren Möglichkeiten zu beteiligen. Die Gesellschaft hat sich in den letzten Jahrzehnten deutlich verändert. Lebensgefühl und Lebensstil werden von den Formen der 50er und 60er Jahre nicht mehr abgebildet. Das kann man betrauern, das bietet aber auch neue Chancen.

Aus Studien weiß man: Wer sich ehrenamtlich engagiert, möchte ...
▶ etwas Sinnvolles tun
▶ es in Gemeinschaft, einem Team, einer Gruppe tun
▶ etwas für sich selbst dazulernen und erleben
▶ seine Fähigkeiten einsetzen
▶ seinen Glauben in der Tat ausdrücken.

Vermutlich treffen nicht alle fünf Punkte auf jeden Ehrenamtlichen zu, aber mindestens einer.

Das bedeutet umgekehrt, darauf zu achten, diesen Faktoren bei der Gestaltung von ehrenamtlichem Engagement Rechnung zu tragen. Es geht also nicht nur um den eigentlichen Dienst oder Inhalt der Aufgabe, sondern auch um die Erfahrung von Gemeinschaft und Zugehörigkeit, um Fortbildung und Erweiterung des eigenen Horizonts, um das Gestalten und Teilen der eigenen Begabungen und des eigenen Glaubens.

Für eine Besuchsdienstgruppe folgt daraus: Neben den Hausbesuchen sind auch regelmäßige Treffen der Gruppe mit gemeinschaftlichem Austausch und Begegnung (z.B. gemeinsames Essen, Ausflug, Konzert, Gottesdienst etc.) erforderlich. Die Treffen können auch der Fortbildung, z.B. als Supervision, Bibelarbeit, Kommunikationstraining, Einkehrwochenende, Bearbeitung theologischer Themen dienen. Wo für die Gruppe nur Besprechungen mit organisatorischen Fragen – wer wann wen besucht? – stattfinden, da hungert die Besuchsdienstgruppe auf Dauer aus.

# Texte zur Ermutigung

Dorothee Peglau

# Predigt zu Matthäus 8,5–13

Die Gnade unseres Herrn Jesus Christus und die Liebe Gottes und die Gemeinschaft des Heiligen Geistes sei mit euch allen. Amen.

Liebe Gemeinde,

wir feiern heute Besuchsdiensttag. Wir haben das gemeinsam begonnen vorhin im Namen des dreieinigen Gottes. Wir tun das nicht aus uns heraus, sondern weil wir selbst Besuchte sind. Weil wir von der großen Bewegung Gottes berührt worden sind, von seiner Menschwerdung in Christus. Wir haben von dem Heil gekostet, gespürt, wie es uns verwandelt und heilt. So sind wir willig und bereit, hinauszugehen zu anderen, ihnen etwas von dem Licht zu bringen, das mit Weihnachten auf diese Erde gekommen ist.

Sie alle haben Erfahrungen damit, zu besuchen oder besucht zu werden. Von den Nachbarn, von der Familie, von Freunden. Sie wissen darum, dass Besuch ein zwiespältiges Vergnügen sein kann, je nachdem ob man zeitlich passend oder unpassend kommt, ob der Besuch erwünscht oder nur erduldet wird, ob viel vorzubereiten ist und wie die Gespräche verlaufen.

Wer Besuche macht, begibt sich auf die Suche. Zunächst einmal sucht er denjenigen auf, den er besuchen will. Sucht die Straße, das Haus, die Station, das Zimmer. Und dann beginnt die Begegnung. Im Erzählen und Zuhören, im Fragen und Mitteilen geschieht etwas zwischen den Menschen: ein Geben und Nehmen; ich nehme die Erfahrungen, Gedanken und Gefühle des anderen auf. Und ich teile mit, welche Resonanz das Erzählte bei mir findet. So bin ich beim anderen und bei mir selbst. Was genau da geschieht, ist ein Geheimnis.
   Der jüdische Religionsphilosoph Martin Buber hat einmal gesagt: „Alles wirkliche Leben ist Begegnung." Nach seiner Philosophie, dem Dialogismus, kann der Mensch nur zu sich selber finden durch und im Kontakt mit anderen. Durch Kontakt mit anderen Menschen und mit Gott. Ganz isoliert und auf sich selbst geworfen findet der Mensch nicht zu seiner wahren Größe und Bestimmung.

Manchmal kann das Besuchen auch Angst machen: wenn ich zuvor nicht weiß, wen ich da antreffe, in welcher Verfassung er sich befindet. Wenn die Erfahrungen, das Schicksal, das Leiden eines anderen Menschen schwer auszuhalten sind. Manchmal wird ja auch meine eigene Einstellung zur Welt in Frage gestellt, meine Sicht der Dinge nicht geteilt.

Manchmal wird auch der Glaube zum Thema, wie er sich zu dem Schweren, Schmerzhaften im Leben verhält.

Wenn der Alltag funktioniert, funktioniert meistens auch unser Glauben. Schwierig wird es, wenn etwas Unerwartetes eintritt: eine schwer wiegende Diagnose, der Tod eines nahen Menschen, ein Unfall, ein persönliches Leid. Dann fragen wir: Wie kann Gott das zulassen? Warum muss gerade dieser Mensch so leiden? Ist Gott wirklich ein lieber Gott oder nicht doch ein grausamer, unberechenbarer?

Krisen bringen Fragen nach oben, bringen unseren gewohnten Rhythmus durcheinander, bringen unseren Glauben zum Wackeln. Die Versuchung, den Glauben, die Beziehung zu Gott beiseitezulegen, ist in diesen Zeiten groß.

Wer Besuche macht, geht also ein Risiko ein. Das Risiko, in seiner Alltäglichkeit erschüttert zu werden, von ganz fremden, anderen Lebensschicksalen zu hören. Wer Besuche macht, geht auch das Risiko ein, dadurch beschenkt und bereichert zu werden.

Wir wissen im Vorhinein nicht, was dabei herauskommt. Wohl gehen wir in der Hoffnung und unter der Verheißung, wie folgende Geschichte erzählt:

*Als aber Jesus nach Kapernaum hineinging, trat ein Hauptmann zu ihm; der bat ihn und sprach: Herr, mein Knecht liegt zu Hause und ist gelähmt und leidet große Qualen.*

*Jesus sprach zu ihm: Ich will kommen und ihn gesund machen.*

*Der Hauptmann antwortete und sprach: Herr, ich bin nicht wert, dass du unter mein Dach gehst, sondern sprich nur ein Wort, so wird mein Knecht gesund. Denn auch ich bin ein Mensch, der Obrigkeit untertan, und habe Soldaten unter mir; und wenn ich zu einem sage: Geh hin!, so geht er; und zu einem andern: Komm her!, so kommt er; und zu meinem Knecht: Tu das!, so tut er's.*

*Als das Jesus hörte, wunderte er sich und sprach zu denen, die ihm nachfolgten: Wahrlich, ich sage euch: Solchen Glauben habe ich in Israel bei keinem gefunden! Aber ich sage euch: Viele werden kommen von Osten und von Westen und mit Abraham und Isaak und Jakob im Himmelreich zu Tisch sitzen; aber die Kinder des Reichs werden hinausgestoßen in die Finsternis; da wird sein Heulen und Zähneklappern.*

*Und Jesus sprach zu dem Hauptmann: Geh hin; dir geschehe, wie du geglaubt hast. Und sein Knecht wurde gesund zu derselben Stunde.*
(Matthäus 8,5–13)

Diese Geschichte erzählt von Mut und Vertrauen. Der Hauptmann von Kapernaum ist damit in die Geschichte eingegangen. Er war ein Offizier der römischen Besatzungstruppen in Galiläa. Durch seinen Rang hatte er Macht und Einfluss in Kapernaum und blieb dennoch ein Fremdling dort.

In den ersten beiden Sätzen der Geschichte lernen wir diesen außergewöhnlichen Hauptmann kennen. Er hatte einen Knecht, der gelähmt ist und große Qualen leidet. Der Offizier leidet mit seinem Untergebenen mit. Dessen Krankheit geht ihm zu Herzen. Für beide ist es an der Grenze zum Aushaltbaren. Der Hauptmann spürt seine Ohnmacht, das Gefühl, helfen zu wollen und es nicht zu können. Er spürt, Krankheit entzieht sich seinem Machtbereich. Er, der sonst einflussreiche und mächtige, ist machtlos.

Der Hauptmann ist ein ehrlicher Mann und gesteht sich seine Ohnmacht ein. Wo sonst ist Hilfe zu suchen? Fieberhaft wägt der Hauptmann alle Möglichkeiten ab. Da hört er, Jesus komme nach Kapernaum. Spontan macht er sich auf den Weg, läuft zum Tor und entdeckt Jesus in einem Pulk von Menschen. Er tritt an ihn heran und ohne zu überlegen wendet er sich an Jesus: „Herr, mein Knecht liegt zu Hause und ist gelähmt und leidet große Qualen."

Jesus ist stehen geblieben. Er schaut den Mann an, sieht in seinem Gesicht die Sorgenfalten, hört in seiner Stimme, wie ihn das Leiden des Knechtes bekümmert. Dieser Mann rührt ihn an. Dieser römische Hauptmann vertraut ihm, ohne ihn zu kennen. Er hofft auf Gottes Hilfe, ohne von den Verheißungen Israels zu wissen. Er tritt selber zurück, um für einen anderen zu bitten. In Jesus regt sich tiefes Erbarmen und so sagt er: „Ich will kommen und ihn gesund machen."

Nun scheint die Geschichte schon fast an ihr Ende gelangt zu sein. Doch die begonnene äußere Bewegung wird noch einmal aufgehalten. Alle dachten, Jesus gehe jetzt mit dem Offizier zu seinem Haus. Doch der Hauptmann bleibt stehen, der angekündigte Besuch findet gar nicht statt. Er schaut Jesus an und spricht dann die anrührenden Worte: „Herr, ich bin nicht wert, dass du unter mein Dach gehst, sondern sprich nur ein Wort, so wird mein Knecht gesund."

Sein Mut ist gepaart mit Demut. Er hatte den Mut, sich selber seine Ohnmacht einzugestehen, sich zu einem Wanderprediger auf den Weg zu machen, um Hilfe zu bitten, eines anderen Macht und Hoheit anzuerkennen, eine Enttäuschung zu riskieren, sich dem Klatsch des Dorfes auszusetzen.

Und dann erweist sich dieser Offizier als ein demütiger Mann. Er sieht von seinem Rang und Ansehen ab und bittet Jesus für seinen Knecht. Er spürt die Nähe Gottes in Jesus, die heilende Wirkung, die von seiner Gegenwart ausgeht. Dass hier einer Macht hat über die Krankheit. Dass ein gebietendes Wort aus dem Mund Jesu reicht, um seinen Knecht zu heilen. „Herr, ich bin nicht wert, dass du unter mein Dach gehst, sondern sprich nur ein Wort, so wird mein Knecht gesund."

Diese anrührenden Worte sind nicht umsonst in leicht veränderter Form in die Eucharistieliturgie eingegangen: „Herr, ich bin nicht würdig, dass du eingehst unter mein Dach. Aber sprich nur ein Wort, so wird meine Seele gesund."

Wie hierarchische Strukturen funktionieren, das weiß der Hauptmann aus seiner täglichen Arbeit. Er befiehlt und seine Soldaten führen aus, was er befiehlt. Er überträgt die Erfahrung aus seinem alltäglichen Leben auf die Zusammenhänge der geistlichen Welt. Er spürt die Vollmacht, die von Jesus ausgeht, und erkennt: Wenn Jesus gebietet, sind die Elemente und Mächte ihm gehorsam. Sich in diese Ordnung einzufügen, fällt dem Hauptmann nicht schwer. Die Welt von Befehl und Gehorsam, von Vorgesetzten und Untergebenen ist ihm vertraut.

Sein Mut und sein Glauben zeigen sich darin, dass er aus seiner Welt der Uniformen und militärischen Ränge heraustritt und Jesus als Herrn anerkennt. Er findet Zugang zu einer Dimension, die er vorher nicht kannte, vielleicht erahnte, aber keine Erfahrung damit gemacht hatte. Jetzt eröffnet sich ihm eine neue Welt, die er demütig erkundet.

Das Vertrauen und der Mut dieses Hauptmannes finden Resonanz bei Jesus. Er wundert sich über das tiefere Verstehen dieses Mannes. „Solchen Glauben habe ich in Israel bei keinem gefunden." Und dann schickt er ihn nach Hause: „Geh hin; dir geschehe, wie du geglaubt hast." Und sein Knecht wurde gesund zu derselben Stunde.

Aus der Krankengeschichte wurde eine Heilungsgeschichte. Aus dem Hauptmann wurde ein Diener. Aus dem Befehlenden ein Bittender. Der Knecht wurde gesund. Der Hauptmann fand, was er gar nicht gesucht hatte: die höhere Ordnung, die uns umgibt, hält und trägt.

Die Geschichte vom Hauptmann von Kapernaum ermutigt bis heute Menschen dazu, Jesus um Hilfe zu bitten und ihm alles zuzutrauen. Zu allen Zeiten haben Menschen die Erfahrung gemacht, dass Gott Krankheit heilt, dass seine Macht weiter reicht als unsere menschlichen Möglichkeiten.

„Geh aus mein Herz und suche" – so haben wir Sie zu diesem Tag eingeladen. Im weiteren Verlauf des Tages wird Zeit und Raum dafür sein, einander davon zu erzählen, welche Überraschungen und Verwunderungen wir beim Besuchen erlebt haben.

Ich wünsche Ihnen, dass Sie von Herzen suchen und mit Freuden finden: sich selbst, den Nächsten und Gott.

Amen.

Und der Friede Gottes, der höher ist als alle unsere Vernunft, der bewahre eure Herzen und Sinne in Christus Jesus, unserem Herrn. Amen.


Liedvorschläge:

▶ EG 74,1–4 / 66,1.5.7–8 / 198,1–2, 357

Gebet:

▶ Psalm 86 (EG 737 RWL)

Dorothee Peglau

# Predigt zu Jesaja 55,6–13

Die Gnade unseres Herrn Jesus Christus und die Liebe Gottes und die Gemeinschaft des Heiligen Geistes sei mit Euch allen. Amen.

*Suchet den Herrn, solange er zu finden ist; rufet ihn an, solange er nahe ist. Der Gottlose lasse von seinem Wege und der Übeltäter von seinen Gedanken und bekehre sich zum Herrn, so wird er sich seiner erbarmen, und zu unserm Gott, denn bei ihm ist viel Vergebung. Denn meine Gedanken sind nicht eure Gedanken, und eure Wege sind nicht meine Wege, spricht der Herr, sondern so viel der Himmel höher ist als die Erde, so sind auch meine Wege höher als eure Wege und meine Gedanken als eure Gedanken.*

*Denn gleichwie der Regen und Schnee vom Himmel fällt und nicht wieder dahin zurückkehrt, sondern feuchtet die Erde und macht sie fruchtbar und lässt wachsen, dass sie gibt Samen, zu säen, und Brot, zu essen, so soll das Wort, das aus meinem Munde geht, auch sein: Es wird nicht wieder leer zu mir zurückkommen, sondern wird tun, was mir gefällt, und ihm wird gelingen, wozu ich es sende. Denn ihr sollt in Freuden ausziehen und im Frieden geleitet werden. Berge und Hügel sollen vor euch her frohlocken mit Jauchzen und alle Bäume auf dem Felde in die Hände klatschen. Es sollen Zypressen statt Dornen wachsen und Myrten statt Nesseln. Und dem Herrn soll es zum Ruhm geschehen und zum ewigen Zeichen, das nicht vergehen wird.*
(Jesaja 55,6–13)

Liebe Gemeinde,

„Jetzt weiß ich wieder, wo ich hingehöre", sagte eine Frau beim Abschied nach einem Gespräch. Eine schwere Krankheit drückte sie nieder, ihr Körper und ihre Seele waren erschöpft von den Schmerzen und der Atemnot. Ein gelesener Psalm, ein gemeinsames Vater Unser und ein Segenswort hatten bei der Frau ihre Wirkung getan. „Jetzt weiß ich wieder, wo ich hingehöre."

Diese kleine Szene erinnert mich an unseren Predigttext, in dem es vom Wort Gottes heißt: *„Es wird tun, was Gott gefällt, und ihm wird gelingen, wozu es gesandt ist"* (Vers 11).

„Unterwegs zu den Menschen", so haben wir diesen Besuchsdiensttag über-schrieben. Das ist doppelt gemeint: Gott ist unterwegs zu uns Menschen und als Folge davon sind wir Christen und Christinnen unterwegs zu den Men-schen. Viele von Ihnen, die sich heute hierher auf den Weg gemacht haben, sind im Besuchsdienst engagiert: in den Gemeindebezirken, im Krankenhaus und im Altenheim. Sie sind im Namen Gottes unterwegs zu den Menschen.

Dabei verbinden sich auf geheimnisvolle Weise die drei Existenzweisen des Wortes Gottes in unserem Leben und Dienen:
1. Das Wort Gottes, das in Jesus von Nazareth ein Mensch geworden ist, unsere menschliche Natur aus Fleisch und Blut angenommen hat und uns zum Heil geworden ist.
2. Das Wort Gottes, wie es in der Heiligen Schrift bezeugt ist.
3. Das Wort Gottes, das der Heilige Geist in uns als wahr und verlässlich bezeugt, das durch unseren Mund, durch Hand und Herz zu den Menschen kommt.

Das Prophetenwort aus dem Jesajabuch beschreibt eine Kreisbewegung des Wortes Gottes. Es wird von Gott zu den Menschen gesandt, geht durch die Menschen hindurch und wirkt in ihnen: indem es tröstet oder ermahnt, indem es ermutigt und erfreut, indem es Geborgenheit schenkt und Hoffnung weckt, indem es Vertrauen und Zuversicht schafft. Dann bewegt sich das Wort Gottes weiter in zwei Richtungen: Es kehrt gefüllt zu Gott zurück als Dank, als Lob-lied, als Bitte, als stille Zwiesprache, als Vertrauen, als heitere Gelassenheit, als Geduld, als Nächstenliebe. Ihm ist gelungen, wozu es gesandt ist. Die zweite Richtung zielt auf die Menschen, die sich – ausgesprochen oder unausgespro-chen – danach sehnen, Gottes Treue zugesprochen zu bekommen, die einen Halt brauchen, der unsere menschlichen Möglichkeiten und Kräfte übersteigt, von dem wir aber erzählen können.

Der Prophet beschreibt die Wirkweise des Wortes Gottes:
*Denn gleichwie der Regen und Schnee vom Himmel fällt und nicht wieder dahin zurückkehrt, sondern feuchtet die Erde und macht sie fruchtbar und lässt wachsen, dass sie gibt Samen, zu säen, und Brot, zu essen, so soll das Wort, das aus meinem Munde geht, auch sein: Es wird nicht wieder leer zu mir zu-rückkommen, sondern wird tun, was mir gefällt, und ihm wird gelingen, wozu ich es sende* (Vers 10–11).

Als Träger/innen des Wortes Gottes bringen wir keine Nachricht, die wir uns selber ausgedacht haben, sondern es ist eine Botschaft, die auch wir von au-ßen empfangen und anvertraut bekommen haben. „Das Wort aus dem Mund

Gottes" hat einen Ursprung und ein Ziel, das mit dem Bild vom Niederschlag verdeutlicht wird. Regen und Schnee fallen vom Himmel auf die Erde und machen sie fruchtbar. Das daraus entstehende Wachstum bewirkt ein Doppeltes: Die Früchte der Erde ernähren den Menschen jetzt in der Gegenwart, Brot zu essen, und zusätzlich entsteht Samen zu säen. Das Saatgut ist wichtig, um Zukunft zu eröffnen und zu ermöglichen. Saat und Ernte wechseln einander ab, bedingen einander.

So wirkt das Wort Gottes: Es ernährt uns heute, hier und jetzt, und es ermöglicht uns Zukunft, unsere Zukunft und die Zukunft der kommenden Generationen. Wir sind beides: Erstadressaten und Zwischenstation für das Wort Gottes.

Wie in der Lesung beim Gleichnis vom Sämann muss die Saat ausgebracht werden. Das Wort Gottes soll unter die Menschen, dazu ist es gesandt, damit die Menschen es hören in ihrer Krankheit, in ihrer Schwachheit, in ihrer Schuld, in ihrer Verbitterung, in ihrer Trauer, in ihrer Ungeborgenheit, wenn sie sich abgelehnt und ausgestoßen fühlen. Damit auch sie einmal mitdanken und Gottes Lob mitsingen.

So weit die Theorie, aber sieht die Praxis nicht ganz anders aus?

Haben wir nicht manchmal den Eindruck, unser Tun sei vergeblich? Unsere Bemühungen finden kein Resonanz? Sieht es nicht manchmal so aus, als liefe das Wort Gottes ins Leere – angesichts des Schrumpfungsprozesses in der Kirche, angesichts von Gleichgültigkeit und Ignoranz gegenüber der Sache Gottes?

*Meine Gedanken sind nicht eure Gedanken, und eure Wege sind nicht meine Wege, spricht der Herr* (Vers 8).

Das kann uns frustrieren, wenn die Botschaft des Propheten entweder als Kritik oder als Distanzierung von unseren menschlichen Anstrengungen ausgelegt wird. Ich verstehe diese Wort als Entlastung: Unsere Gedanken und Gefühle, unsere Pläne und Lösungen sind begrenzt; Gott aber hat viel größere Möglichkeiten zur Verfügung als wir uns je vorstellen können. *So viel der Himmel höher ist als die Erde, so sind auch meine Wege höher als eure Wege und meine Gedanken als eure Gedanken* (Vers 9).

Ich stelle mir das vor wie ein Gehen im Nebel. Wir sehen nur das Vordergründige, ein paar unscharfe Konturen von Bäumen oder Häusern. Es ist schwer, seinen Weg im Nebel zu finden. Man sieht höchstens ein paar Schritte weit. Aber die Landschaft dahinter und darum herum sehen wir nicht. Doch sie ist da. Stellen Sie sich hinter dem Nebel die für Sie schönste Landschaft vor.

*Meine Gedanken sind nicht eure Gedanken, und eure Wege sind nicht meine Wege, spricht der Herr* (Vers 8).

Unsere menschliche Perspektive vom Wirken des Wortes Gottes sucht oft sichtbare, messbare Erfolge. Vielleicht ist das eine gefährliche Falle. Die Dimensionen des Reiches Gottes lassen sich nicht nach unseren irdischen Rechenarten verstehen. An drei Unterscheidungen möchte ich das kurz verdeutlichen.

1. Gottes Wort und Wirken unterscheiden sich von unseren Gedanken und Wegen in Bezug auf den Raum, die Zeit und den Inhalt. Das Wort Gottes kommt aus dem „Mund Gottes", kommt aus einer Dimension, die wir mit dem Begriff „Ewigkeit" bezeichnen; einem Ort, einer Daseinsweise, die nicht der Begrenzung und Hinfälligkeit unserer Leiblichkeit unterliegen. Der Begriff „Ewigkeit" deutet an, dass wir diesen Zustand nicht mit unseren drei oder vier Dimensionen (Länge, Breit, Tiefe, Zeit) angemessen beschreiben können. Ja, diese Wirklichkeit übersteigt unsere wahrnehmbare, messbare Realität um ein Vielfaches.

Dazu ein kleines Beispiel. Johann Sebastian Bach ahnte nicht, dass 250 Jahre nach ihm eine japanische Sängerin beim Einstudieren seiner Arien so sehr von der Musik angerührt wurde, dass sie nach der Bedeutung des deutschen Textes forschte. Über die Musik und die Worte fand sie zum Glauben an den lebendigen Gott und ließ sich taufen.

2. Eine weitere Unterscheidung besteht darin, dass wir Menschen linear und monokausal denken und handeln. Wir kennen Ursache und Wirkung, oft aber nur in einer Richtung und auf einen Vorgang bezogen und abhängig von der Zeit. Auf diese Weise entstehen täglich viele Prognosen zu allen möglichen Themen, schüren Zukunftsängste und werden zu schlechten und falschen Ratgebern.

Manchmal sind wir auch in der Kirche gefangen von den Zahlenspielen mit der Zukunft. Wie vage und falsch das sein kann, zeigt ein Blick auf das 20. Jahrhundert. Jede Prognose auf 30 Jahre im Voraus wurde von einer Realität eingeholt, mit der niemand gerechnet hatte: 1. Weltkrieg, Weltwirtschaftskrise, 2. Weltkrieg, der Kalte Krieg, die Diktaturen im Osten, der Fall der Mauer und des Eisernen Vorhanges.

Die Wirksamkeit des Wortes Gottes dagegen geschieht vernetzt, polykausal und unabhängig von Zeit und Ort. Ein von uns Menschen unüberschaubares Muster von Interdependenzen, von gegenseitigen Wechselwirkungen durchzieht die

Jahrhunderte. Der Geist Gottes weht, wo er will. Wir sprechen von Komplexität, und erahnen dabei doch nur einen Bruchteil von der Durchwaltung des Kosmos durch den Geist Gottes.

Ein kleines Beispiel dazu: Wer hatte damals damit gerechnet, dass der ehemalige KGB-Funktionär Michail Gorbatschow einmal die Wiedervereinigung unseres Landes sowie den Fall des Eisernen Vorhanges betreibt? Der Geist Gottes weht, wo er will.

3. Und zum Schluss eine dritte Unterscheidung: Wir sind ein Teil des Ganzen. Am Wirken Gottes sind wir als ein Teil beteiligt. Gott nimmt uns in seinen Dienst, dass wir mitwirken an dem universalen Handeln Gottes. Wir sind dazu gerufen, in unserer Begrenzung an Gottes Fülle teilzunehmen, etwas davon zu anderen zu bringen, damit wir heil werden, damit andere heil werden.

Das ist entlastend: Wir müssen nicht alles schaffen. Und wir müssen nicht alles alleine schaffen: im Blick auf den Besuchsdienst, im Blick auf die Reduzierung von kirchlichen Angeboten, im Blick auf die Arbeit in den Gruppen und Gremien, im Blick auf unsere begrenzten Möglichkeiten und Kräfte.

*Meine Gedanken sind nicht eure Gedanken, und eure Wege sind nicht meine Wege, spricht der Herr* (Vers 8). *So viel der Himmel höher ist als die Erde, so sind auch meine Wege höher als eure Wege und meine Gedanken als eure Gedanken* (Vers 9).

Gott hat einen langen Atem, er spannt einen weiten Bogen über seine Segens- und Heilsgeschichte – über Jahrhunderte hinweg. Wir sind heute hier, um uns daran zu erinnern, uns darin zu vergewissern, um uns und unseren Dienst unter diesen Segensbogen zu stellen: Jeden Besuch, jede stille Fürbitte, jedes liebevoll überbrachte Geschenk, unser Unterwegssein und unser Ankommen stellen wir unter Seinen Segensbogen, damit Seinem Wort gelingt, wozu es gesandt ist: dass Menschen froh und getröstet und heil werden in IHM. Amen.

Dazu bewahre euch der Friede Gottes, der höher ist als alle unsere Vernunft in Christus Jesus, unserem Herrn. Amen.

Liedvorschläge:
▶ EG 302 / 331 / 591 RWL / 664 RWL

Gebet:
▶ Psalm 121 (EG 753 RWL)

Dorothee Peglau

# Predigt zu Lukas 8,4–15

Die Gnade unseres Herrn Jesus Christus und die Liebe Gottes und die Gemeinschaft des Heiligen Geistes sei mit Euch allen. Amen.

Liebe Gemeinde,

zum x. mal feiern wir heute in NN. einen Besuchsdiensttag. Menschen, die sich im Namen Jesu zu anderen auf den Weg machen, kommen zusammen, um miteinander in der Gemeinde Gottesdienst zu feiern, um sich auszutauschen, um in Seminaren am Nachmittag etwas für den Dienst dazuzulernen und um sich am Schluss segnen und senden zu lassen.

Menschen unterwegs im Namen Gottes. Wer sich engagiert, macht die Erfahrung, dass etwas in Bewegung gerät: zuerst ich selbst, ich raffe mich auf, ich sammele mich, ich gehe los, ich nehme Kontakt auf. Und dann gerät auch der andere in Bewegung durch den Besuch, durch die Begegnung von Mensch zu Mensch, durch die unsichtbare Anwesenheit Jesu auf unseren Wegen zu den Menschen. Sie können alle viele Geschichten davon erzählen, wie heilsam und segensreich das wirkt.

Wer sich engagiert, hat neben den gelungenen Begegnungen auch schon Enttäuschung und Frustration erlebt. Wenn man unfreundlich abgewimmelt wird, wenn man beschimpft wird, weil Menschen von der Kirche enttäuscht sind, wenn Menschen verhärtet sind; aber auch wenn unsägliches Leid eine Familie heimsucht und kein Ende abzusehen ist, wenn das Werben um Menschen keine Resonanz findet.

Da schleichen sich dann Fragen ein: Hat das überhaupt einen Sinn, was ich hier mache? Die Leute wollen sich doch nicht zu Gott einladen lassen, vergebliche Mühe, ich bin am falschen Platz.

Der Predigttext für den heutigen Sonntag fügt sich gut an dieses Fragen an. Es ist das Gleichnis vom Sämann, von der vierfachen Saat oder dem vierfachen Ackerfeld.

*Als nun eine große Menge beieinander war und sie aus den Städten zu ihm eilten, redete Jesus in einem Gleichnis: Es ging ein Sämann aus, zu säen seinen Samen. Und indem er säte, fiel einiges auf den Weg und wurde zertreten, und die Vögel unter dem Himmel fraßen's auf.*

*Und einiges fiel auf den Fels; und als es aufging, verdorrte es, weil es keine Feuchtigkeit hatte. Und einiges fiel mitten unter die Dornen; und die Dornen gingen mit auf und erstickten's. Und einiges fiel auf gutes Land; und es ging auf und trug hundertfach Frucht. Als er das sagte, rief er: Wer Ohren hat zu hören, der höre!*

*Es fragten ihn aber seine Jünger, was dies Gleichnis bedeute. Er aber sprach: Euch ist's gegeben, die Geheimnisse des Reiches Gottes zu verstehen, den andern aber in Gleichnissen, damit sie es nicht sehen, auch wenn sie es sehen, und nicht verstehen, auch wenn sie es hören.*

*Das Gleichnis aber bedeutet dies: Der Same ist das Wort Gottes. Die aber auf dem Weg, das sind die, die es hören; danach kommt der Teufel und nimmt das Wort aus ihrem Herzen, damit sie nicht glauben und selig werden. Die aber auf dem Fels sind die: Wenn sie es hören, nehmen sie das Wort mit Freuden an. Doch sie haben keine Wurzel; eine Zeitlang glauben sie, und zu der Zeit der Anfechtung fallen sie ab. Was aber unter die Dornen fiel, sind die, die es hören und gehen hin und ersticken unter den Sorgen, dem Reichtum und den Freuden des Lebens und bringen keine Frucht. Das aber auf dem guten Land sind die, die das Wort hören und behalten in einem feinen, guten Herzen und bringen Frucht in Geduld.*
(Lukas 8,4–15)

Ich möchte das Gleichnis in zwei Blickrichtungen betrachten, sozusagen von innen nach außen.

Zunächst auf der Ebene der eigenen Person: Dann bin ich selbst das Land, auf das die Saat ausgestreut wird. Dann finde ich in mir selber Räume, in denen das Wort Gottes auf fruchtbaren Boden gefallen ist, wo es in mir wohnt und wächst, wo es tröstet und heilt.

Doch daneben gibt es auch in unserem Leben den harten Weg, auf dem die Saat des Reiches Gottes liegen bleibt, ungeschützt, unverbunden, und sie wird zerrieben in der Tretmühle des Alltags. Hier wächst keine Frucht: Provinzen in unserem Leben ohne Vertrauen, ohne Heiterkeit, ohne Zuversicht.

Ebenso der Fels als Untergrund für die Saat des Wortes Gottes: Hier wächst ein zartes Pflänzchen, doch bei starker Beanspruchung geht es ein. Die magere Wurzel kann aus den dürren Erdkrumen keine Feuchtigkeit ziehen und verdorrt. Wo uns Leid, Kummer, Verlust oder Misserfolg begegnen, gerät unser Glaubenspflänzchen in die Krise. Da reicht es nicht, alles aus eigener Kraft bewältigen zu wollen. Das moderne Wort für diese Art der inneren und dann auch äußeren Erschöpfung heißt burn-out. Ausgebrannt, verdorrt, da fehlt der Lebenssaft, die Lebenskraft, die aus der inneren Verwurzelung bei Gott kommt. Statt eine Durststrecke durchzustehen, wird das Leben selbst zur Durststrecke.

Und dann sind da noch die Dornen. Sie stehen für die Sorgen. Sorgen wachsen ja schnell, wenn man sie nährt. Im Nu überdecken sie alles andere. Da hat das Wort Gottes keine Chance. Wer sich sorgt und um seine Sorge kreist, macht sich selber klein und macht Gott klein.

Die Dornen stehen auch für den Reichtum, der das Wort Gottes erstickt. Wie kommt das? Vielleicht liegt der Grund darin, dass sich ein Reicher mehr auf seine materiellen Güter verlässt als auf Gottes Fürsorge. Da er alles hat und sich alles leisten kann, braucht er Gott nicht. Schade, so kann er sich auch nicht von Gott gebrauchen lassen. Nicht sich selber und nicht seinen Reichtum. Er bleibt ohne segensreiche Wirkung, ohne Frucht, ohne Profil.

Neben Sorgen und Reichtum werden noch die Freuden des Lebens als Dornen bezeichnet. Ich deute das als einen Lebensstil, der hauptsächlich aus Vergnügungen, Events, Veranstaltungen, Reisen, Partys, Wellness, Festivals usw. besteht. Da werden die dunklen Erfahrungen des Lebens systematisch ausgeblendet: Not und Tod, Krankheit und Leid, Einsamkeit und Verzweiflung. Man macht Gott lächerlich und letztlich sich selber auch.

Der Weg, der Fels, die Dornen als Untergrund für die Saat bringen keine Frucht hervor. Wo das Leben eindimensional wird, wenn wir den Horizont verengen, wenn wir nur noch auf ein Thema in unserem Leben fixiert sind, kann das Wort Gottes bei uns nicht landen.

Wir alle kennen diese ungeliebten Regionen in unserem eigenen Leben.

Die Samenkörner stehen ja für das Wort Gottes, also für das überlieferte Wort Gottes in der Heiligen Schrift und für das inkarnierte, Fleisch gewordene Wort Gottes, nämlich Christus.

Im übertragenen Sinn bedeutet es auch, wie Gott in unserem Leben Gestalt gewinnt.

Dann kann ich das Gleichnis auf der zweiten Ebene betrachten: wenn ich mich in die Rolle des Sämanns hineinversetze. Beim Besuchen bringen wir ja etwas von Gott mit in unserem Gespräch, im Zuhören, in unserem Geschenk, beim

Beten, Singen und Segnen. Wir streuen die Saat des Reiches Gottes aus. Auch wenn es manchmal so aussieht, als fände unser Besuchen keine Resonanz, so verheißt uns doch das Gleichnis, dass etliches auf gutes Land fällt. Von außen gesehen und auch von innen gesehen. Auch wenn ein Besuch einen schalen Geschmack hinterlässt, vertrauen wir darauf, dass einige Samenkörner in dem anderen Menschen auf gutes, bereites, fruchtbares Land fallen. Vielleicht ist es nur ein kleines Fleckchen, doch die Saat geht auf: hundertfach! Das ist die Ökonomie des Reiches Gottes. Oft bekommen wir das nicht so genau mit und doch geschieht etwas in der Tiefe, im Verborgenen. Gott weiß es.

*Das aber auf dem guten Land sind die, die das Wort hören und behalten in einem feinen, guten Herzen und bringen Frucht in Geduld.*

Das Gleichnis ermutigt uns also, reichlich, verschwenderisch die Saat des Reiches Gottes auszustreuen. Es geht nicht um schnelle Erfolge, sondern um reiche Frucht. Wir hören die Botschaft für uns selbst und für die, denen wir begegnen.

Bitten wir Gott darum, dass sein Wort, dass Er selbst bei uns auf gutes Land trifft, dass wir ein feines, gutes Herz gewinnen.

Bitten wir Gott darum, dass aus unserem Leben Segen strömt zu anderen, dass die Saat unseres Lebens auf gutes Land fällt und dort Frucht trägt zur Ehre Gottes, zur Heilung und Freude der Menschen. Amen.

Dazu helfe und bewahre uns der Friede Gottes, der höher ist als alle unsere Vernunft in Christus Jesus, unserem Herrn. Amen.

Liedvorschläge:
▶ EG 196,1.2.4 / 289,1.3.4 / 295 / 503,13–15

Gebet:
▶ Psalm 119 (EG 752.2 RWL)

Bettina Donath-Kreß

# Predigt zur Noahgeschichte
## (Genesis 6–8 in Auszügen)

Liebe Gemeinde,

während der Lesung ist vor unseren Augen ein Weg entstanden. Auf den ersten
Blick ist es Noahs Weg – ein Weg, der mit einer Katastrophe beginnt, die alles
Leben unter sich begräbt. Nachdem Noah zunächst einmal Zuflucht in der
Arche findet und schließlich die ersten zaghaften Versuche unternimmt, wieder
Boden unter den Füßen zu gewinnen, endet sein Weg unter dem Regenbogen,
der zum Zeichen eines neuen Anfangs wird.

Ich habe diesen Weg heute, am Totensonntag, vor Ihnen am Altar ausgebreitet,
weil ich darin vieles von dem wiederentdecke, was Trauernde auf ihrem Weg erleben. So möchte ich Sie einladen, mit mir in Gedanken den Weg Noahs noch
einmal als Trauerweg mitzugehen.

Am Anfang des Weges steht die Katastrophe: Die Schleusen des Himmels öffnen sich und eine große Flut begräbt alles Leben unter sich. Seit den Tagen
Noahs ist die Sintflut in unserem Sprachgebrauch sprichwörtlich geworden für
eine Fülle von Problemen, die uns mit einem Mal überwältigen. So sprechen
wir davon, dass eine ganze „Flut von Problemen" über uns hereinbricht.
  Ganz ähnlich empfinden wir es häufig, wenn ein geliebter und vertrauter
Mensch stirbt: Dann geht für uns die Welt unter – unsere Welt. Alles versinkt in
einem großen Meer von Tränen. Mit einem Mal ist nichts mehr so, wie es war,
und wie es in Zukunft werden soll, liegt völlig im Dunkeln. Ein Leben ohne diesen Menschen an der Seite – das ist kaum vorstellbar. Alle Zukunftspläne, Wünsche und Hoffnungen gehen mit dem Tod unter. Alles, was bisher so selbstverständlich schien, ist unwiederbringlich verloren. Manch einem erscheint da das
Leben sinnlos und der Wunsch selber zu sterben, kann verlockend sein.

Aber Noah bleibt am Leben. Er geht nicht unter, so hoch die Wellen auch
schlagen. Noah – so erzählt die Bibel – ist ein frommer, ein gottesfürchtiger
Mann. Er hat die Katastrophe schon länger kommen sehen, aber – als frommer
Mann – scheint er gut darauf vorbereitet. Er hat vorgesorgt und sich ein Schiff

gebaut – so, wie Gott es ihm aufgetragen hatte. Das bittere Ende kann ihn eigentlich nicht überraschen, und doch: Es trifft ihn schwer, als das Erwartete schließlich tatsächlich eintritt. Noah flüchtet in seine Arche, schließt alle Luken und verkriecht sich in dem dunklen Kasten. Die Flut steigt und Noah verliert – im wahrsten Sinne des Wortes – den Boden unter den Füßen. Die Katastrophe nimmt ihm beinahe alles. Sein bisheriges Leben versinkt im Chaos. Nirgendwo ist Land in Sicht. Noah kann die Arche nicht einmal in eine bestimmte Richtung lenken – wohin auch!? So schwimmt er orientierungslos auf den Wassern dahin, ohne zu wissen wohin und wie lange die Fahrt dauern wird.

Ich stelle mir vor, liebe Schwestern und Brüder, dass es Noah in diesen Tagen ganz ähnlich ergangen sein wird wie vielen Trauernden, die sich nach der Katastrophe, die der Tod eines geliebten Menschen für sie bedeutet, in ihre eigenen vier Wände zurückziehen und sich von der Außenwelt abkapseln. Die verletzte Seele braucht manchmal so einen Schutzraum, um die Katastrophe zu überleben. Manche möchten in dieser Zeit allein sein – in Gedanken eins mit ihren Verstorbenen, und doch fürchten sie die Einsamkeit und Stille. Hinter verschlossenen Türen wandert der Blick immer wieder zurück in die Zeit, als der oder die Verstorbene noch da war. Man lebt in schönen Erinnerungen und erfährt doch schmerzlich, dass diese Zeit nie wieder zurückkehrt. Man möchte die Uhr zurückdrehen, aber die Zeit rast weiter, und man selbst treibt nur so dahin, orientierungslos und ohne Ziel vor Augen.

Noah hat es da vergleichsweise gut, denn er ist nicht allein in seiner Arche. Seine Familie ist bei ihm, seine Frau, seine Söhne und Schwiegertöchter. Und eine Aufgabe hat er auch: Er muss sich um die Tiere kümmern, die mit an Bord sind. Das lenkt ihn zeitweilig von seinen trüben Gedanken ab. Aber manchmal ist ihm sicher nicht nach Arbeiten zumute oder es wird ihm einfach alles zu viel. Dann kann er sich wohl auf seine Familie verlassen, die ihm die Sorge um die Tiere abnimmt. Wohl dem, der eine solche Familie oder solche Freunde hat!

Über 40 Tage, so erzählt die Bibel, dauert der Regen, eine andere biblische Quelle zählt 150 Tage. Wer kann die Zeit schon genau ermessen? Wo die Verzweiflung tief sitzt und die Trauer groß ist, gleicht ohnehin ein Tag dem anderen und die Zeit scheint stillzustehen.
    Doch schließlich merkt Noah, dass der Regen aufgehört hat. Langsam und zaghaft nur wendet er sich wieder der Außenwelt zu. Er öffnet die Dachluke und hält Ausschau, ob draußen, auf der Erde, wieder Leben möglich ist. Er sucht festen Boden unter den Füßen. Die ersten Schritte sind nur zaghaft und nicht von Erfolg gekrönt. Der Rabe, den er ausschickt, kehrt unverrichteter

Dinge wieder zurück. Auch die Taube findet zunächst keinen Halt, um sich niederzulassen. Erst als sie von ihrem zweiten Ausflug mit einem Ölzweig im Schnabel zurückkehrt, hat Noah einen Anhaltspunkt dafür, dass Land in Sicht ist. Doch es vergeht noch eine ganze Weile, bis er sich sicher wird und es wagt, seine Arche wieder zu verlassen.

Trauer, liebe Gemeinde, braucht Zeit und Geduld. Es dauert oft lange, bis sich ein Trauernder wieder für die Außenwelt öffnen kann. Niemand kann sagen, wie lange die Zeit währt, in der man sich nach dem Verlust eines geliebten Menschen in seine Trauerarche zurückzieht und eher im Gestern als im Heute lebt. Es gibt dabei kein Richtig oder Falsch, kein zu Lange oder zu Kurz! Es ist eine individuelle Zeit des Abschiednehmens, die wichtig und notwendig ist.

Aber irgendwann – so zeigt uns die Sintflutgeschichte – irgendwann kommt die Zeit, wo der Regen aufhört, wo die Tränen versiegen. Und langsam, ganz langsam öffnet man wieder seine Fenster zur Außenwelt, hält Ausschau, sucht festen Boden unter den Füßen. In dieser Zeit müssen Trauernde viel tragen und aushalten. Vieles Liebgewonnene muss losgelassen oder verwandelt werden und es gilt, jede Menge Neues zu lernen. Es ist ein schwieriger Weg, auf dem man vor- und zurückgeht, Schritte in diese und jene Richtung unternimmt, manches ausprobiert und wieder verwirft, bis der Boden wirklich trägt.

Als Noah den Ölzweig im Schnabel der Taube erblickt, erkennt er darin ein Zeichen, dass auf der Erde neues Leben möglich ist. Selbstverständlich kann er nicht einfach das Leben vor der Flut fortsetzen, so als wäre nichts geschehen. Trauernde hören oft den Spruch „Das Leben geht weiter" und fühlen sich dadurch zutiefst verletzt. Rein äußerlich mag dieser Satz ja stimmen: Die Erde dreht sich weiter. Auch bei Noah scheint die Welt nach der Katastrophe genauso auszusehen wie vorher. Aber für Noah hat sich eine ganze Menge verändert! Er kann die Erfahrung der Sintflut nicht einfach aus seinem Leben streichen. Sie gehört zu ihm und prägt sein Leben in einem doppelten Sinne:
Zunächst einmal ist er voller Freude, als er die Arche verlässt und wieder Fuß fasst auf der Erde. Er blickt optimistisch in die Zukunft, die vor ihm liegt und nimmt die Menschen an seiner Seite wahr, die mit ihm die Katastrophe überstanden haben. Mit ihnen gemeinsam kann er nun ein neues Leben beginnen. Zu der Freude tritt die Dankbarkeit hinzu. Als Noah an Land geht, baut er Gott einen Altar, um ihm dafür zu danken, dass er ihn durch diese schwere Zeit getragen hat.
Aber neben diesem hoffnungsvollen Blick in die Zukunft prägt Noah auch die Erinnerung an die große Flut und an die Verluste, die sie ihm beschert hat. Jedes Mal, wenn am Himmel dunkle Wolken aufziehen, steigen die alten Gefühle und Ängste wieder in ihm hoch, droht das Chaos erneut über ihn hereinzubrechen.

Solche Tage, liebe Schwestern und Brüder, kennen Trauernde gut! Für viele ist der heutige Totensonntag ein solcher Tag, an dem die Wunden wieder aufbrechen. Auch der Geburts- und Todestag der Verstorbenen, Weihnachten und ganz persönliche Gedenktage können solche Zeiten sein, an denen sich die dunklen Wolken wieder zusammenbrauen und das Leben überschatten. Auch wenn nach einem langen Trauerweg wieder Land in Sicht ist und man glaubt, dass man es endlich geschafft hat, kehren die dunklen Wolken hin und wieder bedrohlich zurück.

Doch Gott verspricht Noah, dass er keine Angst mehr zu haben braucht! Die Sintflut ist vorüber und sie wird nicht noch einmal zurückkehren. Als Zeichen für diese Zusage setzt Gott seinen Bogen in die Wolken. Ein Regenbogen entsteht bekanntlich da, wo Wasser und Licht aufeinander treffen, wo die Sonne scheint und es gleichzeitig regnet. So ist der Regenbogen zu einem wunderschönen Symbol in der Trauerarbeit geworden: Nach der weiten Fahrt durch das Meer der Trauer strahlt am Horizont ein Licht auf. Neues Leben ist möglich! Wir können neu anfangen. Aber wir sind nicht mehr dieselben wie vorher. Die Erfahrungen von Abschied und Verlust prägen uns. Wie Noah können wir uns dankbar wieder dem Leben zuwenden, aber die Erinnerung und ein Rest Schmerz bleiben. Lachen und Weinen stehen in unserem Alltag unverbunden nebeneinander und gehören doch zusammen wie Sonne und Regen. Unsere Verstorbenen sind tot und wir leben – das ist die Lebenserfahrung unter dem Regenbogen. Trotz aller Traurigkeit dürfen wir auch wieder lachen. Wir lernen, mit dem Tod zu leben. Dabei sind unsere Verstorbenen nicht vergessen.

In vielen Geschichten stellt der Regenbogen eine Brücke zwischen Himmel und Erde dar. So kann er zu einem Zeichen der Verbundenheit zwischen Lebenden und Toten werden. Allerdings leben wir – bildlich gesprochen – auf zwei unterschiedlichen Seiten des Regenbogens: Unsere Verstorbenen wissen wir oberhalb des Bogens im Himmel bei Gott. Wir selber aber leben unterhalb des Bogens auf der Erde und müssen hier unseren Weg fortsetzen.

Gott, so erzählt die Noah-Geschichte, hat den Regenbogen als Zeichen des Neuanfangs an den Himmel gesetzt. Er ist ein Garant dafür, dass nie mehr eine Sintflut über uns hereinbrechen wird, die alles Leben verschlingt. Das heißt nicht, dass unser Leben in Zukunft nur „eitel Sonnenschein" sein wird. Dunkle Wolken, Schatten und mancher Regen gehören dazu. Aber wir werden nicht untergehen. „Gott führt uns nicht am Leiden vorbei", liebe Gemeinde, „aber er trägt uns hindurch" – so wie er Noah in seiner Arche über die Flut getragen hat. So dürfen wir unsere Trauer unter den Regenbogen stellen. Er ist ein Zeichen dafür, dass Traurigkeit wohl zu unserem Leben hinzugehört, aber darin ein Licht aufleuchtet, das Trost, Hoffnung und neues Leben verheißt. Amen.

# Die Autoren und Autorinnen

*Monica Dawo-Collas:*
Diplom-Sozialpädagogin und Gedächtnistrainerin, Jahrgang 1951
Schwerpunkt Altenbildungsarbeit

*Bettina Donath-Kreß:*
Pastorin in Aachen, Jahrgang 1962
Trauerbegleiterin, Synodalbeauftragte des Evangelischen Kirchenkreises Aachen
für „Trauerbegleitung und Friedhofskultur"

*Armin Drack:*
Pfarrer im Gemeindedienst und in der Citykirchenarbeit in Aachen,
Jahrgang 1962
Schwerpunkte in Seelsorge, Liturgie und Citypastoral

*Sabine Haag:*
Pfarrerin in der Krankenhausseelsorge, Jahrgang 1959
Weiterbildung in Geistlicher Begleitung

*Ulrich Haag:*
seit 2003 Gefängnispfarrer in Aachen, Jahrgang 1961
seit Oktober 2009 Sprecher beim „Wort zum Sonntag"

*Sabine Hölzer-Pöll:*
Pfarrerin in der Krankenhausseelsorge, Jahrgang 1960

*Sabine Nolden:*
examinierte Krankenschwester und Diplom-Sozialarbeiterin, Jahrgang 1971
Themenschwerpunkte: Arbeit mit Angehörigen von Demenzkranken,
Aufbau und Schulung von Pflegebegleiter-Gruppen; Öffentlichkeits- und Netz-
werkarbeit

*Dorothee Peglau:*
Pfarrerin in der Krankenhaus- und Altenheimseelsorge, Weiterbildung in Ge-
staltseelsorge, Geistliche Begleitung, Mediation

# Literaturhinweis

▶ Das Amt für Gemeindeentwicklung und missionarische Dienste (gmd),
Besuchsdienstreferat der Evangelischen Kirche im Rheinland
Missionsstraße 9a, 42285 Wuppertal
Tel. 0202-2820-405
www.ekir.de/gmd
gibt eine Zeitschrift für den Besuchsdienst heraus:
„Besuchen und finden. Magazin für Mitarbeitende im Besuchsdienst"